과거, 현재
그리고
미래를 그리다

평화교육

과거, 현재
그리고
미래를 그리다

초판 1쇄 인쇄 2022년 6월 22일
초판 1쇄 발행 2022년 6월 30일

엮은이 모니샤 바자즈
옮긴이 권순정, 오덕열, 정지수
펴낸이 김승희
펴낸곳 도서출판 살림터

기획 정광일
편집 조현주·송승호
북디자인 꼬리별

인쇄·제본 (주)신화프린팅
종이 (주)명동지류

주소 서울시 양천구 목동동로 293 2215-1호
전화 02-3141-6553
팩스 02-3141-6555
출판등록 2008년 3월 18일 제313-1990-12호
이메일 gwang80@hanmail.net
블로그 http://blog.naver.com/dkffk1020

ISBN 979-11-5930-229-9 93370

• 가격은 뒤표지에 있습니다.
• 잘못된 책은 바꾸어 드립니다.

평화교육

과거, 현재 그리고 미래를 그리다

모니샤 바자즈 엮음 | 권순정·오덕열·정지수 옮김

살림터

한국어판 출간에 부쳐

지구 공동체, 평화를 위해 어떻게 나아갈 것인가?

모니샤 바자즈(Monisha Bajaj)_샌프란시스코대학교 국제&다문화교육 전공 교수

『평화교육: 과거, 현재 그리고 미래를 그리다Encyclopedia of Peace Education』의 필요성은 2007년 지역적 딜레마local dilemma로부터 출발하였다. 당시 나는 컬럼비아대학교 교육대학에서 평화교육 과정을 가르치고 있었다. 강의를 준비하며 체감한 것은 평화교육 입문서로 사용할 수 있는 간명하면서도 분명한 교재나 평화교육을 공부하기 위해 나의 강의에 들어온 전 세계 학생들의 배경과 관심을 전 지구적 범위로 연결시켜줄 만한 교재를 찾을 수 없다는 것이었다.

이후, 온라인을 통해 전 지구적 관점이 공유되고 상호작용할 수 있는 데이터베이스를 구축하자는 의견이 모아졌고, 실제로 만들게 되었다. 이 데이터베이스는 현재도 사용할 수 있으며, 그중에서도 가장 영향력이 있고 공감을 불러온 글들을 모아 2008년 첫 번째 책이 출판되었다.

나는 오랫동안 이 책을 교재로 사용했고, 각자 다른 상황에서 가르치고 있는 이들도 이 교재를 다양하게 사용하기 시작했다는 것을 알게 되었다.

『평화교육: 과거, 현재 그리고 미래를 그리다』와 이 책에 실린 글들은

대략 1,000회 정도 인용되었고, 전 세계적으로 널리 알려지면서 평화교육학자들과 실천가들에게 유익한 자료로 활용되고 있다.

나는 한국의 강순원 교수와 권순정 박사, 그리고 그들의 동료 평화교육자들이 이 책이 한국에서도 적절하고 유익하리라 판단하고 한국어로 번역하고자 한다는 소식을 듣고 아주 기뻤다.

한국어 번역서의 감수를 맡아 준 강순원 교수가 한국 교육학계에서 인권과 평화에 대해 수년간 기여한 바를 잘 알고 있다. 이는 한국의 평화교육이 전 지구적 차원에서 함께 대화할 수 있는 단단한 토대를 만들어 주었다. 그리고 이 책의 대표 역자인 권순정 박사는 다른 지역에서의 평화교육에 대한 통찰에 근거해 탈식민주의적 관점으로 한국 평화교육을 탐색하였고, 폭력과 학교폭력에 대해 분석하며 평화교육의 지평을 확장하는 데 기여하였다.

이 책에 소개된 새로운 관점과 그동안과는 다른 개념적 토대를 혁신적으로 적용해 볼 수 있는 내용들을 통해 한국 독자들이 평화교육에 입문할 수 있기를 희망한다.

평화교육이 지닌 가장 큰 힘은 전 지구적 관점에서 다루어지는 평화교육의 핵심 개념들을 지역화할 수 있다는 것이다. 1990년대 중반 평화교육이 등장한 이래, 우리가 생각한 평화교육의 전제는 학교가 군사주의, 갈등, 폭력으로 재생산되는 해로운 사회의 원리들을 재생산하지 않고, 오히려 학교를 통해 전 세계의 사람들이 평화, 정의 그리고 인권을 만들어 갈 수 있는 영감을 얻을 수 있다는 신념이었다.

이는 파울로 프레이리가 언급한 것과 같은 의미로, "교육은 순응하게 하는 도구로 기능할 수도 있고, (인류가) 현실을 비판적이며 창의적으로 바라보고 그들의 세계를 변화시키는 데 어떻게 참여할지를 다루는, 즉

해방을 실천하는 기능을 할 수도 있다"는 것이다.「페다고지」, 1970

세계는 지금 기후위기와 팬데믹으로 인해 더욱더 심각하게 드러나는 전 지구적 불평등과 지역적 불평등을 마주하고 있다. 그 가운데 사회의 변화와 지구의 평화를 위한 교육적 노력이 없다는 것은 적절치 않다. 교육을 통한 평화 구축은 학교, 가족, 지역사회 공동체, 그리고 한 국가 안에서뿐만 아니라 우리 지구 공동체 안에서 일어날 수 있으며, 또 일어나야만 한다.

이 책은 학자들과 실천가들이 어떻게 개인적, 집단적 차원에서 평화를 위해 나아갈 수 있을지를 지구적 관점으로 보여 주고 있다. 또 지구 공동체에서 살고 있는 우리들의 일상 곳곳에서 어떻게 평화를 지속가능하게 할 것인지를 분석하고 있다.

평화교육은 시대적 명령이다

강순원_한신대학교 교수

평화의 일반적 정의는 '전쟁이 없는 조건', 즉 전쟁의 부재이다. 전쟁의 부재로서의 평화 개념 위에서, '전쟁에 대비하는 것이 평화를 유지하는 가장 효과적인 방법'이라고 하거나 혹은 '평화를 원하면 전쟁을 준비하라'는 경구에서 볼 수 있듯이, 일반적으로 힘에 의한 평화 유지라는 자유주의적 평화론은 오늘날 국가경쟁 기반의 세계화 시대에서도 지배적이다. 2차 세계대전 이후, 국가 간 충돌로 인한 폭력적 귀결이라고 정의되는 고전적 의미의 전쟁이 종식되길 희망하였지만, 21세기 이후에도 내전, 국지전 등이 지속되었다. 가장 최근에는 러시아-우크라이나 전쟁이 발발하며 국가 간 전쟁에 따른 폭력을 다시금 목격하고 있다. 이와 더불어 극심한 기후변화나 글로벌 불평등으로 인한 글로벌 위기, 특히 코로나 팬데믹으로 인한 사망자 수의 급증이 초국적·과학적 진보로도 감당하기 힘든 불가항력적 상황으로 비친다. 이런 점에서 전쟁의 부재를 의미하는 소극적 평화를 넘어서서 인간안보가 보장되는 정의로운 포용 사회를 구현하자는 적극적 평화를 모두 아우르는 포괄적 평화의 개념을 갖춰야만 오늘의 세계가 당면한 위기 상황에 도전할 평화교육의 방향을 제대로 설정할 수 있다고 본다.

 한국 사회에서 회자되는 평화교육은 식민지적 모순이 응축된 한일 평화교육, 민족모순이 엉킨 분단극복 평화교육 혹은 통일교육, 양면적인 개념을 내포하기는 하지만 군부독재의 폐해인 군사주의 문화를 청산하자는 민주시민교육 그리고 학교 현장에서의 폭력적 일상에 대처하기 위한 학교폭력예방교육 등으로 대별된다. 또한 민주화 이후 한국 사회의 불행한 역사적 상흔을 드러내며 국가폭력에 의해 집단학살이 이루어진 상황에 대한 진실규명과 문제해결이 희생자 인권의 관점에서 이루어져야 한다는 차원에서 제주 4·3 평화, 노근리 평화, 광주평화인권 등이 평화인권교육의 주제로 쟁점화되고 있다. 이렇게 드러나는 평화 활동 중심으로만 봐도 평화교육은 아주 복합적이어서 관련 주체들 간에도 갈등이 노정될 수밖에 없다. 이것은 한국 사회뿐만 아니라 글로벌 환경 자체도 상호 모순적이어서 평화교육과 관련된 주제어는 포괄적일 수밖에 없다. 평화교육에 함의된 이러한 복합성이 바자즈 교수로 하여금 이 책을 편집하게 한 이유일 것이다.

 개인적으로 평화는 사회적 불의에 저항할 수 있는 윤리적 힘이며 평화교육은 그러한 윤리적 힘인 평화역량을 키우는 교육이라고 정의해 왔다. 그러기에 바자즈 교수가 정리했듯이, 평화교육은 인권교육이고, 평화교육은 세계시민교육이며, 문화적 다양성이나 군축 및 젠더 등의 이슈가 평화교육에서 미래적 전망을 가지고 비판적으로 성찰되고 교수되어야 한다. 유엔이나 유네스코 등의 국제기구 활동은 평화 실현을 위한 인류애적 연대 활동이어야 한다. 이를 위해 비교교육이나 국제교육 등이 글로벌 차원에서, 국가 간 협력과 이해의 차원에서, 그리고 방법론적으로 적용되는 것이다. 여기서 듀이나 몬테소리 그리고 프레이리 등의 아동(학습자) 중심의 문제해결을 위한 정치학습으로서의 평화 교수법으로 발전되는 것이다. 이 책의 저자들 모두가 평화교육을 대표하는 세계적인 실천적 학자들로서 한국의 평화교육실천가들이 이미 여러 글을 통해 알고 있으리라 생각한다.

평화연구나 평화교육이 2차 세계대전 이후 특히, 냉전 시대에 발전된 틀이기 때문에 오늘날 그대로 적용하는 데는 한계가 있으나, 그럼에도 변화된 환경에 대한 지구 중심의 지속가능한 미래, 가부장적 남성 위주가 아닌 여성을 중요한 행위주체자로 위치 짓는 젠더, 그리고 여전히 세계를 공포 속으로 몰아넣는 (핵)무기, 이주의 시대 국경 밖으로 내몰린 이주민들과 난민, 그리고 인류의 최대 재앙인 기후위기와 불평등, 무엇보다 코로나 팬데믹 등의 글로벌 혹은 지역 아젠더를 기존의 교육이 아닌 대안적 평화교육의 렌즈로 재성찰할 수 있도록 교육하기를 더 이상 미룰 수가 없다. 논쟁을 피하는 학교교육 환경에서는 '쓸데없는 것 알려고 하지 마라', '모르는 게 약이다', '나중에 더 커서 생각해라' 등으로 당면한 문제를 회피하게 만들지만 평화교육에서는 적극적 시민의 기본 자세인 '아는 것이 힘이다'를 실천할 수 있게 해야 한다. 지속가능한 평화적 미래를 위해 우리의 교육은 패러다임 전환을 해야 한다.

이 책을 감수하면서 바자즈 교수의 스승인 컬럼비아대학교 교육대학 베티 리어든 박사가 저술한 『포괄적 평화교육』 번역서에서 사용한 용어로 통일시켰다. 베티 리어든이 『포괄적 평화교육』에서 언급했듯이 모든 교사들은 평화를 실천하는 교육운동가이다. 평화교육을 하는 교사는 일방적인 지식전달자로서가 아니라 경험 속에서 학생들과 또는 지역사회로부터 스스로 배워 가는, 가르치면서 배우는 강학이다. 바로 혼란에 빠진 사회가 반면교사이다. 학생과 더불어 교학상장의 교육과정이 이루어지는 것이 진정한 평화교육자이다. 모든 교육자는 미래 세대를 위해 평화를 실천하며 자기를 혁신하는 강학이 되어야 한다. 이것이 오늘날 코로나 블루를 헤쳐 나오기 위한 공동의 교육 회복 노력으로서의 평화교육이다.

『평화교육: 과거, 현재 그리고 미래를 그리다』는 2008년 원서가 출간되자마자 감수자가 한신대학교 제자와 평화교육 연구자들에게 평화교육의 경향을 설명하면서 번역하기를 권했던 책이다. 바자즈 교수가 소개한 권순정 박사와 함께 한신을 졸업하고 평화와 통일 전문가로 활동하고 있는 오덕열 박사, 그리고 평화교육활동가이자 연구자로 거듭나기 위해 과정을 밟고 있는 정지수 선생이 협력하여 이 책을 다시 주목하고, 번역서로 세상에 나올 수 있게 해 준 것에 고마움을 표한다. 무엇보다 한신에서 함께 교학상장의 즐거움을 나눴던 역자들이 선생의 말을 잊지 않고 결실을 내놓은 데 대해 감사드린다.

이 책은 평화교육에 관심 있는 사람들이라면 꼭 읽고 개념 정리를 하고 시작할 필독서이다. 이것을 한국적 상황에 맞게 재해석하여 적용하는 것은 평화교육실천가들의 자기 몫이다.

차례

1장
들어가는 글

모니샤 바자즈(Monisha Bajaj)

이 책은 지금까지의 평화교육의 발전을 되짚어 볼 목적으로 수십 년에 걸친 여러 학자와 실천가들의 평화교육 경험을 한데 모았다. 평화교육의 기원은 19세기 초까지 거슬러 올라가지만, 2차 세계대전 이후 크게 부상하여 다양한 개념 정의가 이루어지고 전 세계적으로 옹호자들이 생겨났다. 이 책은 지난 40여 년간 평화와 교육에 관련된 기초적 개념을 발전시켜 온 사람들의 목소리를 담아낸 편집본으로, 평화교육의 주요 쟁점들을 탐구해 보려 한다. 아울러 새로운 방식으로 평화교육을 형성해 가는 신진 학자의 미래 지향적 관점을 집중 조명할 것이다. 평화교육 관점들을 탐구하다 보면 앞으로의 분석과 해석에서 어떤 특수성들을 고려해야 하는지 알 수 있으며, 관련 용어들이 무엇을 의미하는지, 공유된 이해들은 무엇인지를 더욱 명확히 알 수 있다.

일반적으로 평화교육은 학습자들이 어떤 환경에서든 포괄적 평화를 위해 노력하는 가치관과 능력을 지니게 해 줄 수 있는 교육정책, 계획 수립, 교수법 및 실천으로 정의된다.[Reardon, 1988] 포괄적 평화는 자주 논의되는 소극적 평화negative peace와 적극적 평화positive peace를 모두 포함한다. 전자는 직접적 또는 물리적 폭력의 철폐를, 후자는 개인의 기본적 인권을 박탈하는 체계적 불평등으로 이루어진 구조적 폭력의 철폐를 함의한다.Galtung, 1969 인권교육, 개발교육, 환경교육, 군축교육 및 갈등 해결 교육 등이 평화교육에 대한 다면적 접근의 하나로 폭넓게 이해되기도 한다. 이렇듯 여러 접근법이 있지만, 평화교육의 목표를 종합하면 "모든 사람을 위한 모든 인권의 성취"라고 요약할 수 있다.Toh, 2006, p. 15

　소극적 평화·적극적 평화라는 개념에 담긴 구조적 분석이 평화교육의 여러 개념을 통합하는 것이긴 하지만, 다음과 같은 신념도 중요한 요소이다. (1) 교육의 과정이 모든 학생에게 사회적 '자산'이 되는 평화와 사회정의에 요구되는 능력과 가치관을 전수할 수 있고, (2) 모든 학생에게 적절한 정보와 경험이 주어진다면, 학생 개개인은 지역적·국가적 및 국제적 평화를 증진하는 행위주체가 될 수 있다. 이러한 신념이 공유된다고 해서, 모든 평화교육자가 이와 같은 변혁이 모든 상황에서 가능하다고 믿는다는 것은 아니다. 오히려 많은 평화교육자가 교육을 통한 변혁의 '가능성'을 거론한다. 그러나 이러한 통합적 개념을 넘어서 세계 각지에서는 평화교육에 관여하는 학자와 실천가들의 정치적, 이론적, 방법론적 지향이 다양하게 펼쳐지고 있다.

　이에 이 책은 그동안 평화교육의 장에 영향을 미친 관념, 관점 그리고 개념 등을 탐구하여 평화교육을 둘러싼 각 논의의 차이를 나타내기 위해 발간되었다. 따라서 이 책은 평화교육을 연구하고 실천하는 학생, 실천가, 학자들에게 평화교육의 역사적 출현과 기초 개념, 학계에 미친 영향을 소개한다. 책 뒷부분에는 저자들이 자주 사용한 용어의 개략적인 정의를 소개한 '용어 해설'을 담았다. 이 책에서 다루는 여러 주제와 쟁점을 파악함으로써, 독자들이 평화교육에서의 자기 위치와 그 안에서 벌어지는 논의들에 대해 더 큰 시각을 얻어 학문과 실천 모두를 발전시키길 희망한다. 평화교육을 낳은 광범위한 역사적, 사회적, 개념적 맥락들은 성향과 위치가 모두 다른 우리를 인식론적 공동체의 일원으로 결속시켜 공공의 형평성과 사회정의를 추구해 가는 방법(들)에 대해 중요한 통찰을 제공할 것이다.

평화교육에 관한 '입문서'인 이 책은 평화교육을 처음 접하는 사람들에게, 평화와 평화교육을 논의하고 이론화하기 위한 개념 및 전략을 개발하는 데 상당한 시간과 관심을 쏟아 온 학자들과 교류해 볼 기회를 제공한다. 각 장의 도입부에 제시된 토론용 질문은 독자들에게 평화교육의 핵심 문제를 탐색하기 위한 의미 있는 연구와 대화를 하게 해 줄 것이다. 이 책의 목적은 논쟁, 대화와 토론의 길을 열어 주려는 것이다. 따라서 이 책의 필자들을 권위자로 여기기보다는 각각의 주제에 존재하는 광범위한 내용 중 일부 핵심적인 견해를 대변한다고 생각하면 좋을 것이다.

이 책에 대한 구상은 정보 기술을 활용하는 역동적 방식으로 전 세계의 학자 및 실천가들과 지속적인 대화를 하면서 출발하였다. 온라인 백과사전의 형태로 각 항목들을 엮어 내는 가운데, 편집된 책의 형태로 구체화하면서 교육자, 학생, 학자들에게 유용할 기초적인 개념이나 도전적인 생각들이 일부 나타났다. 이 책의 주제는 평화교육에 관심 있는 사람들이 중요하게 생각하는 지점들을 참고하여 선정하였다. 독자들은 평화교육과 관련된 방대한 주제들에 대한 약 45개 항목이 소개된 온라인 백과사전도 방문해 보면 좋을 것이다.^{목록은 부록 참조}

평화교육 분야의 일원임을 주장하는 학자와 실천가를 통합하는 공통 요소의 하나는 교육이 긍정적인 사회 변화로 이어질 수 있게 한다는 낙관론이다. 따라서 평화교육학자와 실천가들이 '순진함' 또는 '맹목적 낙관론'Gur-Ze'ev, 2001, p. 315을 드러낸다는 비판에 대응하기 위하여, 평화교육에 관련된 낙관론을 개괄적으로 살펴보는 것이 중요하다.

평화교육: 연구와 실천에서 '변혁적 낙관론' 상상하기

평화교육의 기본 기조 중 하나는 학습자가 스스로 사회 변화의 주체가 될 가능성이 있다고 여기는 자기의식을 발달시킬 수 있다고 보는 것이다. 사회 집단들이 인종, 민족, 종교, 계급 등 어떤 귀속적 특징에 의해 분화되었든 그들 사이의 거리를 줄이고 연대를 촉진하는 것을 교육 목표로 삼고 학생들 사이에 비판적 낙관론을 고취할 필요가 있다는 프레이리Paulo Freire의 생각은, 평화교육에 대한 우리의 이해와 맞닿아 있다. 하지만 프레이리Freire, 1998가 주장하듯이, 소외된 사람들의 행동을 제약하고 낙관론을 위축시키는 사회적 조건에 대한 비판적 이해 없이 희망만을 심어 주는 것은 역효과를 낳을 수 있다.

희망만이 세상을 변화시킬 것이라는 생각과 그러한 순진함에 따른 행동은 절망, 비판, 운명론에 이르는 길이다. 그러나 더 나은 세상을 위한 투쟁을 계산된 행동이나 순수 과학적인 접근으로 환원시킬 수 있다는 것과 같이 '희망 없이 하려는 시도'는 경솔한 망상이다. 투쟁의 윤리적 속성인 진실에 대한 욕구에 기초하는 '희망 없이 하려는 시도'는 투쟁의 근간을 부정하는 것이나 다름없다.p. 8

학습자의 비판의식 제고를 목표로 하는 평화교육[Freire, 1970]은 행동하고 변화할 가능성에 주목하는 동시에 학생들이 그들을 둘러싼 사회적·정치적 맥락을 정확히 이해할 수 있게 해 주어야 한다.

프레이리주의 학자인 세사르 아우구스토 로사토[Cesar Augusto Rossatto, 2005]는 위험한 "맹목적 낙관론blind optimism"에서 바람직한 "변혁적 낙관론transformative optimism"으로 나아가는 움직임을 평가하면서, 낙관론의 범주를 구분하여 제시한다. 첫 번째 범주는 "반反낙관론anti-optimism" 혹은 운명론으로 사회적 조건이 사회적 이동 또는 변화에 대한 희망을 주지 않는다고 본다. 이와 같은 운명론자들의 입장에 반대하는 쪽에서 본다면, 이러한 운명론은 맹목적 낙관론에 근거하는 평화교육의 목적과는 다르다. 사회 현실과 동떨어져 보호막 안에서 작동하는 유형의 맹목적 낙관론 혹은 순진함은 불평등한 구조가 드러나면 좌절감과 박탈감을 느끼게 된다. 그러나 특권층이나 상대적 우위에 있는 사람들에게 맹목적 낙관론은 종종 사회 변화를 위한 조직적인 집단행동처럼 보이게 할 수도 있다. 맹목적 낙관론에 대해 비판한 로사토는 지구적 맥락에서 나타나는 구조적 폭력으로 이어지는 거시적 차원에서의 불평등을 조사하고 분석하여 맹목적 낙관론에 도전하였다.

로사토는 두 가지 비생산적인 형태의 낙관론에서 벗어나 개인 수준과 집단 수준에서 다른 범주의 낙관론을 제시한다. "회복적 낙관론resilient optimism"은 주로 개인이 사회적·정치적 소외로 야기되는 장애물을 극복하고 신분 상승을 달성할 때 발견되는데, 이는 사회의 변화를 위한 거대한 집단행동에 대한 의지보다는 지배적인 사회질서를 재생산하는 "동화주의적 낙관론assimilationist optimism"이 될 가능성이 크다.[Rossatto, 2005, p. 69] 회복적 낙관론이 불평등한 질서 속에서 특권적인 지위에 동화되는 결과를 가져온다고 본 로사토는 교육자가 학생들을 길러 내는 일에 정진할 수 있는 전략으로 변혁적 낙관론을 제시하였다.

행위주체 의식을 강조하는 변혁적 낙관론은 평화교육자에게 가장 포괄적인 희망의 정의를 제시한다. 로사토Rossatto, 2005는 변혁적 낙관론을 "각 개인이 자신을 사회 변화라는 집단적 과정에 필요하고 공헌할 수 있는 참여자로 간주하는 구조적 폭력에 대한 저항"이라고 정의한다.p. 81 사회 변화를 위한 이 공동 투쟁에서 다른 사람과 연대하는 것은 더 정의로운 미래를 보장하는 필수 요소이다. 평화교육자들은 로사토의 변혁적 낙관론 개념을 연구와 실천을 위한 구성 원리로 활용할 수도 있다.

여기서 로사토의 변혁적 낙관론 개념을 강조하고자 하는 것은 학습자들이 취해야 할 바람직한 사고와 행동을 명시적으로 규정하는 틀을 제시하려는 것이 아니라, 각자의 공동체와 사회에서 평화와 인권 존중에 장애가 되는 것에 어떻게 접근할 것이며 이때의 핵심 가치는 무엇인지 제안하기 위해서이다. 의식화 그리고 형평성과 사회정의 지향은 모두 평화교육의 구조, 내용 및 교수법에서 나온다. 이 과정에서 교육의 사회적·정치적 맥락에 주목하는 것이 가장 필수적이다. 왜냐하면 이것은 더 나은 미래를 상상하는 것으로 창의적 행동을 억누르는 것이 아니라 더 나은 미래의 가능성과 한계를 이해하는 것이기 때문이다.

각 장의 개요

필자들은 평화교육의 학문적 발전과 앞으로 나아가기 위한 혁신적인 생각들을 개략적으로 설명하고 있다. 각 장은 우리의 평화교육에 대한 이해를 높이는 데 적합하고 시기적절한 주제들에 대해 간략하지만 흥미롭게 이해할 수 있도록 구성되었다. 다양한 주제들에서 발견될 공동의 지점들을 깊이 고찰하고 종합적으로 탐구하기 위해 각 장 도입부에 질문을 제시하였다. 이 질문들은 교육자들이 교실에서 활용할 자료를 만드는 출발점이 될 수 있으리라 기대한다.

이 책의 목적은 평화교육의 이론적·개념적 토대를 개괄하고, 현대의 여러 관점을 살펴보며, 학자들이 평화교육의 미래를 구상하는 장space을 제공하는 것이다. 이 책의 구성은 다음과 같다. 1부 평화교육의 역사적 출현과 그 영향, 2부 평화교육의 기본 관점, 3부 평화교육의 핵심 개념, 4부 평화교육의 틀과 새로운 방향.

1부 평화교육의 역사적 출현과 그 영향

저명한 평화교육학자인 이안 해리스Ian Harris는 평화교육의 성장에 대해 역사적 시각에 근거한 설명을 제시한다. 그에 따르면, 초기 평화교육은 세계적으로 알려진 기성 종교(예: 기독교, 이슬람, 불교)에 근거하여 폭력이나 치명적인 무력 없이 분쟁과 갈등을 해결하기 위한 방법으로 인식되고 일상 속에서 비공식적으로 실천되어 왔다. 여전히 평화교육은 지역 공동체를 중심으로 일상 속에서 비공식적으로 실행되고 있지만, 최근 평화교육자들은 그 역사적 뿌리에 인권, 환경과 같은 현대의 이슈를 포함하여 공식적인 실천으로서 글, 교수, 공통 교육과정으로 평화교육을 인식하고 실천하는 경향이 있다.

찰스 F. 하울릿Charles F. Howlett은 평화교육과 듀이Dewey의 저작을 연결한다. 듀이의 학교가 역동적인 변화의 기반이 될 수 있다는 견해 그리고 역사와 지리 같은 교과목이 국제주의와 국제이해를 증진하는 목표를 전제로 해야 한다는 견해는 평화교육에 기여하는 바가 있다. 그의 교육 목표는 전쟁의 원인이 되는 국민국가 관점에서 발달하는 애국주의와 국가주의에 반대하고 대응하는 것이다.

셰릴 더크워스Cheryl Duckworth는 평화교육에 내재된 다학제적인 본질에 대해 논의하며 이것이 평화교육의 출현, 정의, 그리고 경계를 모호하게 한다고 본다. 아동 중심 학습법으로 유명한 마리아 몬테소리Maria Montessori는 교육이 전쟁을 없애는 수단이라고 주장한 바가 있어 평화교육 창시자의 한 사람으로 지목된다. 몬테소리 학습법은 독립적인 비판적 사고력, 창의적인 문제해결 능력, 책임과 존중이라는 도덕적 가치관을 길러 줌으로써, 항구적 평화를 위해 살아가고 일하는 세계시민으로서의 책무를 강화한다. 적극적 평화교육 방법론은 아동의 전인적 발달을 위한 잠재적implict 교육과정과 표면적explicit 교육과정의 조화를 반영하고 있다.

레슬리 바틀릿Lesley Bartlett은 브라질 교육학자 파울로 프레이리의 삶의 경험과 교육 개념 및 이론을 통합함으로써 평화교육에 미친 그의 영향을 설명한다. 정치적 행동, 대화와 비판의식, 민주적인 교사-학생 관계, 지식 구성과 같은 그의 교육 개념들은 평화교육 교수법과 실천에 영향을 미치고 있다. 프레이리의 철학과 의식화 개념은 평화교육과 사회변혁 사이의 연결고리를 제공한다.

2부 평화교육의 기본 관점

저명한 평화학자 요한 갈퉁Johan Galtung은 평화교육의 형식과 내용에 대해 제언한다. 그에 따르면, 평화연구와 평화운동에 관해서는 상당한 진전이 있었지만, 그 결과를 학교와 대학으로 가져오는 데는 대체로 실패했다. 평화교육에 하나의 표준은 없고 평화교육이 평화의 유일한 요소가 아니긴 하지만, 평화교육은 사람들이 자신의 기본적 인권을 자각하는 세상을 만들기 위해 의식 수준을 높일 수 있다.

원로 평화교육학자 마그누스 하벨스루드Magnus Haavelsrud는 교육 문제의 세 가지 주요 구성 요소, 즉 교육 프로그램의 내용, 의사소통 방법과 조직 구조에 중점을 둔다. 상호 관련된 이 세 요소에 관한 선택이 평화를 위한 교육을 포함한 학교 안팎 모든 교육 프로그램의 핵심을 규정하는 데 결정적인 것으로 입증되었다. 그는 "평화"와 "교육" 사이의 중대한 개념적 불일치가 발견될 것으로 생각되는 중요한 차원들을 논의한다.

교육철학자 데일 T. 스노워트Dale T. Snauwaert는 정치와 평화교육에서의 도덕성에 대해 논의한다. 그는 국제정치에서 도덕성의 존재를 부정하는 정치적 현실주의와 모든 인간이 도덕적 입장을 가진다는 믿음을 전제하는 평화교육을 대조한다. 이에 따라 전쟁과 평화, 정의와 불의가 세계의 도덕적 고려 사항이라고 본다. 글로벌 도덕 공동체는 단지 철학적 이상만은 아니며, 따라서 평화교육은 사회 의식과 사회 구조를 변혁하는 데 목표를 두어야 한다.

제임스 S. 페이지James S. Page는 유엔을 통해 조정된 전 지구적 제도 수준에서의 평화교육과 어떻게 그 목적이 국제 평화를 유지하고 국제 협력을 장려하여 전쟁을 예방하는 것과 연관되는지 논의한다. 유엔은 오랫동안 군축교육에 전념해 오면서 관용과 인권을 위한 프로그램으로 평화의 문화 만들기를 강조하였다. 이러한 교육 프로그램의 발전은 평화 달성이 제도적 문제일 뿐만 아니라 사회문화적 변화의 세밀한 요소들의 문제라고 보는 인식에서 기인한다고 보았다.

3부 평화교육의 핵심 개념

저명한 교육철학자인 넬 나딩스Nel Noddings는 배려이론과 평화교육의 연관성을 도출하였다. 이를 위해 그녀는 배려이론과 평화교육에서 통합될 수 있는 각각의 요소들을 설명하였다. 그녀는 지속적으로 대화에 참여하는 것이 전 지구적 차원에서 발생하는 주요 논쟁의 오류를 피하면서도 사안의 의도와 동기를 이해할 수 있게 한다고 보면서, 그럼으로써 배려의 범위를 확장할 수 있다고 주장한다. 나딩스는 평화교육자에게 문화 간 대화와 성찰의 필요성에 대해 유용한 제안을 제시한다.

칼 미라Carl Mirra는 기존 문헌을 분석하여 군사주의의 여러 형태를 정의한다. 그는 평화교육자들이 냉전 시대의 군사주의와 그에 수반된 군비 경쟁에 특별한 관심을 기울였다는 점을 정확하게 짚어 냈다. 그리고 고조되는 군사주의와 전쟁 준비에 대한 대안으로 군축교육을 제안했다. 그는 평화교육의 목표가 군사주의의 악영향을 반전시키고 인간안보human security를 재정립하는 것이라고 본다.

펠리사 티비츠Felisa Tibbitts는 인권교육을 세계인권선언 및 관련 인권 협약에서 공식 합의한 권리에 대한 의식을 증진하기 위한 국제 운동으로 정의한다. 이러한 정의는 학교교육 부문에만 국한된 것이 아니다. 오히려 유엔은 개인을 위한 "평생학습" 과정의 한 요소로 사회의 모든 부문에 인권교육을 제안한다. 인권교육은 국가 수준의 교육 시스템뿐만 아니라 풀뿌리 차원의 민간단체 활동에서도 등장한다. 인권교육은 인권 가치에 대한 의식 제고와 내면화를 촉진하기 위해 학교 정책 전반, 교수법과 실천에 주목하게 한다.

린 데이비스Lynn Davies는 세계시민교육의 본질과 평화교육에서의 역할을 살펴본다. 그녀는 세계시민성의 정의에 대한 논쟁과 어떤 종류의 교육이 사람들을 세계시민이 되도록 준비시키는가에 대한 논쟁을 다루고 있다. 평화를 위한 세계시민교육은 분쟁의 원인과 결과를 이해하는 능동적인 세계시민을 길러 내기 위해, 세계정세에 대한 지식, 비판적 분석 역량, 정치적 능력과 공동행동에 대한 의욕을 요구한다.

4부 평화교육의 틀과 새로운 방향

로빈 J. 번스Robin J. Burns는 종합적인 문헌 연구를 통해 비교교육과 국제교육 분야의 범위, 적절한 주제 및 방법론에 기초하여, 비교교육과 국제교육이 평화교육의 틀로서 가지는 상반성과 양립성을 강조한다. 이어 교육 계획과 시스템의 개선 요소 반영 여부, 세계화에 대한 비판, 그리고 그러한 변화가 어떻게 평화교육이 연구 주제로서 타당한지 등을 포함한 시기별 변화에 대해 논의한다.

데이비드 힉스David Hicks는 아홉 가지 요소를 중심으로 학습자가 바람직한 미래를 만들기 위해 목적의식을 지니고 비판적으로 생각할 수 있도록 하는 미래 관점이 평화교육에서 매우 중요하다고 주장한다. 평화교육은 지역에서 세계에 이르기까지 매우 다양한 쟁점들과 관련이 있는데, 이 쟁점들은 교육에서 놓치기 쉬운 과거, 현재, 미래 간의 상호 관계를 탐구하지 않고는 이해할 수 없다.

모니샤 바자즈Monisha Bajaj는 "비판적 평화교육"을 다시금 주장한다. 비판적 평화교육은 참여자들이 자신의 지역적 이해에 맞추어 변혁적 행위주체성을 함양할 수 있게 하는 것이 연구의 핵심 역할이라고 본다. 따라서 연구에 주목하고 비판적 구조 분석을 지속함으로써 평화교육에서 해방의 가능성을 추구하는 학자(학문)-행동주의의 장으로 더욱 확장시킬 수 있을 것이다. 또한 평화교육 연구 및 실천에 대한 접근 방식을 논의하고 각자의 환경에서 사회적, 정치적, 경제적 분쟁의 원인과 차원에 큰 관심을 기울일 것을 제안한다.

마지막으로, H. B. 다네쉬H. B. Danesh는 통합unity을 모든 인간관계를 규율하는 주된 규범이라고, 그리고 갈등은 통합의 부재라고 정의한다. 그는 통합적 평화 이론integrative theory of peace과 포괄적인 통합 기반comprehensive unity-based 평화교육 프로그램을 개괄적으로 소개한다.

이 프로그램은 보스니아-헤르체고비나의 '분쟁 후 사회'에서 성공적으로 실천되었던 평화를 위한 교육이다. 여기서는 분쟁에 의한 갈등은 통합의 부재이며, 갈등 해결과 평화를 만들어 가는 것은 개인과 집단의 발전을 옹호하는 통합 기반 세계관을 통해서만이 가능하다고 보았다.

종합하면, 이 책에 실린 글들은 평화교육 분야의 다양한 관점을 이해하고 탐구하기 위한 포괄적인 기반을 제공하고자 한다. 이 책을 통해 점차 발달해 가는 평화교육의 길을 열어 가며 '무엇이 평화교육인지'가 보다 더 명료해지길 희망한다. 이 책은 새로운 학문적 동향을 만들어 가기 위한 문을 열기 위함이 아니라, 평화교육의 역사를 기록하고 주요 개념적 흐름을 밝히면서 평화교육의 미래에 대한 새로운 사유를 강조하기 위함이다. 저명한 평화교육학자인 베티 리어든Reardon, 2000이 말하였듯, 우리는 평화교육을 통해 "문제를 극복하고 가능성을 성취하는 데 (평화) 지식을 적용하고, 이를 위해 성찰적이고 참여적인 역량을 개발해야 한다".p. 381 따라서 독자들이 이 책에 담긴 자료들을 적극적으로 활용하여 평화교육을 실천하기를 기대한다.

2008년 평화교육 항목 온라인 백과사전

주제	저자	저자의 소속
Addam, Jane & 평화교육	Charles Howlett	Molloy College
관련 학교 및 평화교육	Lynn Davies	University of Birmingham
Bahai 신앙 및 평화교육	Marie Gervais	University of Alberta
Boulding, Elise & 평화교육	Mary Lee Morrison	Pax Educare, Inc.
배려와 평화교육	Nel Noddings	Stanford University
공존 교육	Daniel Bar-Tal	Tel Aviv University
비교교육 및 국제 교육 그리고 평화교육	Robin Burns	La Trobe University
평화교육의 개념적 관점	Magnus Haavelsrud	Norwegian University of Science and Technology
Curti, Merle & 평화교육	Charles Howlett	Molloy College
Dewey, John & 평화교육	Charles Howlett	Molloy College
환경교육	Patricia Mische	Antioch College
평화교육의 윤리 및 영적 기초	Dale Snauwaert	University of Toledo
평화교육의 형식과 내용	Johan Galtung	Transcend University
Freire, Paulo & 평화교육	Lesley Bartlett	Teachers College, Columbia University
미래교육	Davies Hicks	Bath Spa University
세계시민교육	Lynn Davies	University of Birmingham
고등교육 및 평화교육	Andria Wisler	Teachers College, Columbia University

평화교육의 역사	Ian Harris	University of Wisconsin, Milwaukee
인권교육	Felisa Tibbitts	Human Rights Education Associates
국제평화교육원	Tony Jenkins	Teachers College Peace Education Center
이슬람 및 평화교육	Mustafa Köylü	Ondokuz Mayis University, Turkey
함께 살기 위한 학습	Margaret Sinclair	UNESCO
Montessori, Maria & 평화교육	Cheryl Duckworth	George Mason University
다문화 교육	Zvi Bekerman	Hebrew University
비폭력 및 평화교육	Barry Gan	St. Bonaventure University
이론과 실습	Surya Nath Prasad	Peace Education Programs & Studies, Maharashtra, India
평화 역사 학회	Charles Howlett	Molloy College
평화교육 철학	James S. Page	Southern Cross University
글로벌 문제로서의 학교교육	Clive Harber	University of Birmingham
회복된 비판적 평화교육을 향하여	Monisha Bajaj	Teachers College, Columbia University
유엔과 평화교육	James S. Page	Southern Cross University
미국 및 평화교육	Aline Stomfay-Stitz	University of North Florida
통합 기반 평화교육	H. B. Danesh	International Education for Peace Institute
청년과 평화 구축	Roshan Danesh	International Education for Peace Institute

참고문헌

Freire, P. (1970). *Pedagogy of the oppressed*. New York: Continuum.

Freire, P. (1998). *Pedagogy of hope*. New York: Continuum.

Galtung, J. (1969). Violence, peace, and peace research. *Journal of Peace Research*, *6*(3), 167-191.

Gur Ze'ev, I. (2001). Philosophy of peace education in a postmodern era. *Educational Theory*, *51*(3), 315-336.

Reardon, B. (1988). *Comprehensive peace education*. New York: Teachers College Press.

Reardon, B. (2000). Peace education: A review and projection. In B. Moon, M. Ben-Peretz, & S. Brown (Eds.), *International companion to education* (pp. 397-425). New York: Routledge.

Rossatto, C. A. (2005). *Engaging Paulo Freire's pedagogy of possibility*. Oxford, England: Rowman & Littlefield.

Toh, S.-H. (2006, May). *Education for sustainable development & the weaving of a culture of peace: complementarities and synergies*. Paper presented at the UNESCO Expert Meeting on Education for Sustainable Development (ESD), Kanchanaburi, Thailand. Retrieved November 2, 2007, from http:// www.unescobkk.org/fileadmin/user_upload/esd/documents/ workshops/ Kanchanburi/toh_culture_of_peace.pdf

1부

평화교육의
역사적 출현과 그 영향

평화교육은 흔히 "존 듀이, 마리아 몬테소리, 파울로 프레이리"와 같은 학자들의 개념과 이론들을 만들 수 있는 전문 영역으로 알려져 있다. 예를 들어 듀이의 능동적 시민성 담론, 몬테소리의 아동 주도 학습을 위한 교수법 완성, 개인과 집단의 변혁이라는 프레이리의 급진적인 개념이 평화교육과 관련이 있다. 여기서는 평화교육의 창시자로 여겨지지는 않았지만 저명한 교육학자로서 그들이 미친 영향과 학문적 공헌을 살피면서 평화교육의 역사적 출현을 추적할 것이다.

　베티 리어든, 이안 해리스, 요한 갈통 등 평화교육의 창시자들뿐 아니라, 듀이, 몬테소리, 프레이리 같은 학자들이 제기한 교육과 사회적 책임 및 행동 간의 연계성도 평화교육과 개념적으로 통합된다. 따라서 1부에서는 평화교육 분야의 성장을 이끌어 온 그들의 사상을 탐색한다.

숙고해야 할 질문

- 교육 이론은 평화교육의 발전에 어떻게 영향을 미쳤나? 존 듀이, 마리아 몬테소리, 파울로 프레이리의 구체적인 공헌은 무엇인가?

- 서로 다른 정치적, 사회적, 문화적 맥락에서 평화교육은 어떻게 발전해 왔는가? 주어진 맥락이 평화교육 기획의 범위, 성격, 관점에 어떤 방식으로 영향을 미칠 수 있는가?

- 세계화는 평화교육에 어떠한 도전과 기회를 제기하는가? 오늘날 국가와 시민사회 사이의 정치적, 사회적, 경제적 관계는 교육학자들이 옹호하는 교육 및 행동의 유형을 어떤 방식으로 제한하거나 가능하게 하는가?

2장
평화교육의 역사

이안 해리스(Ian Harris)

서론

유사 이래 인간은 폭력을 회피하기 위해 갈등 해결 기법을 서로에게 가르쳐 왔다. 평화교육은 폭력의 위협과 평화를 만들어 가기 위한 방법에 대해 가르치는 과정이다. 평화교육자들은 어떤 유형의 평화 전략이 한 집단에 최대의 혜택을 가져올 수 있는가에 대해 합의하고자 한다.

폭력과 적대 행위를 끝내려고 하는 평화교육 활동은 공동체 내에서 비공식적으로 수행되거나 학교 같은 교육기관에서 공식적으로 수행될 수 있다. 여러 세대에 걸친 사람들이 일상 속에서 극단적인 힘을 사용하지 않는 방식으로 갈등을 해결하기 위해 평화교육을 실천해 왔다. 수많은 원주민이 수천 년에 걸쳐 공동체 평화 증진을 위한 비폭력 갈등 해결 전통을 이어 왔다. 인류학자들은 지구상에 존재하는 47개의 상대적으로 평화로운 사회를 찾아냈다.[Banta, 1993] 문서 기록은 거의 없지만, 사람들은 자신의 안전을 보장하는 갈등 해결에 대한 지식을 보존하기 위해서 역사적으로 공동체 기반의 평화교육 방법을 사용해 왔다. 좀 더 형식적인 평화교육은 글이나 학교교육을 통한 수업에서 실천되었다.

평화를 고취하는 종교적 가르침

평화를 이루는 방법을 가르치는 가장 초기 지침은 아마도 세계의 위대한 종교에서 찾을 수 있을 것이다. 부처, 바하올라, 예수 그리스도, 무함마드, 모세, 노자 같은 지도자들의 가르침을 따르는 이 종교들은 평화를 고취하는 명확한 경전을 가지고 있다. 이렇듯 기성 종교들은 평화에 대한 자신들의 비전을 권장하지만, 얄궂게도 일부는 폭력을 옹호하는 데 종교를 이용했다. 위대한 종교가 전쟁과 평화 모두의 원인이 된다는 것은 인간 본성의 역설적이고 모순된 측면을 나타낸다. 바로 이 점이 중대한 평화 딜레마이다. 평화가 무엇인지 알고 있는 인간이 왜 평화롭게 사는 방법은 찾지 못하는가?

공동체 기반 평화교육

평화교육을 옹호하는 데 문자를 사용한 최초의 유럽인 중에 체코의 교육자 코메니우스Comenius가 있다. 그는 17세기에, 보편적으로 공유된 지식이 평화로 가는 길을 열어 줄 수 있다고 주장했다. 평화에의 이러한 접근은 타자에 대한 이해와 공유 가치가 갈등을 유발하는 다름differences을 극복할 것이라고 가정한다. 이러한 교육의 궁극적인 목표는 남성과 여성이 다양한 문화를 받아들이고 조화롭게 사는 세상이었다.

평화교육의 성장은 평화운동의 성장과 궤를 같이한다. 현대의 반전 평화운동은 19세기 나폴레옹 전쟁 이후 시작되었는데, 이때 진보적인 지식인과 정치인들이 전쟁의 위협을 연구하고 군비 증강에 반대하는 주장을 전파하기 위한 단체를 결성했다. 영국, 벨기에, 프랑스에서는 자생적인 평화운동 조직이 생겨났다. 19세기 평화운동의 두 번째 물결은 노동자 단체 및 사회주의 정치 집단과 밀접한 관련이 있다. 19세기 평화운동의 마지막 물결은 1차 세계대전 직전까지 일어났는데, 이 수십 년 동안 대부분의 유럽 국가에서 평화운동 조직이 결성되었고 미국과 새로이 국민국가를 이룬 이탈리아와 독일에도 퍼져 나갔다. 19세기가 저물 무렵 일단의 교사, 학생, 대학교수가 대중에게 전쟁의 위험성을 교육하는 평화협회를 결성했다.

20세기 초, 유럽인들과 미국인들은 평화운동을 조직하여 전쟁으로 위협하며 1차 세계대전을 야기한 각 정부에 반대했다. 알프레드 노벨 Alfred Nobel에게 평화상을 제정하라고 설득하는 데 힘썼던 오스트리아인 베르타 폰 주트너Bertha von Suttner는 전쟁에 반대하는 소설[1]을 썼으며 국제평화회의를 조직했다.Hamann, 1996 이 회의는 국제 분쟁은 무기가 아닌 중재로 해결되어야 한다는 생각을 표방했다. 이 회의의 목적은 1차 세계대전의 전조가 되었던 군비 증강에 반대하는 여론을 조성하는 것이었다. 대중의 시위도 통치 엘리트들이 더 많은 평화주의 정책을 채택하도록 압력을 가하기 위해서였다.

1912년, "학교를 통해… 국제 정의와 박애에 대한 관심을 고취하던" 학교평화연맹은 미국의 거의 모든 주에 지부를 두었다.Scanlon, 1959, p. 214 그들은 50만 명 이상의 교사들이 평화의 필요조건을 잘 이해하게 하려는

---

1. 『무기를 내려놓으라!Die waffen nieder!』(1889).

야심 찬 계획을 세웠다.^{Stomfay-Stitz, 1993} 1차 세계대전과 2차 세계대전 사이에 사회과 교사들은 학생들이 외국인과의 전쟁에 반대할 수 있게 하려고 국제관계를 가르치기 시작했다. 평화교육자들은 학교가 청소년에게 국가주의를 주입하여 전쟁을 권장하며 또 가능하게 했다고 확신하고, 전쟁을 초래하는 국가 간 장벽을 무너뜨리는 데 도움이 되는 공통된 인간성을 학생들이 인식할 수 있도록 하였다. 이로써 평화교육자들은 학교가 사회 진보를 촉진하는 역할을 하도록 했던 진보적인 교육개혁에 공헌했다.

20세기 초의 많은 평화교육 지도자들은 여성이었다. 1931년 노벨평화상을 수상한 미국인 여성 제인 애덤스^{Jane Addams, 1907}는 학교에 이주민들을 받아들이라고 촉구했다. 빈곤을 전쟁 원인으로 보는 안목을 명확히 표현한 "평화와 빵"이라는 슬로건이 그녀의 활동에 중심이 되었다. 그녀는 교육자들이 진정한 민주적 공동체를 만들려는 미국 도시의 힘겨운 노력을 이해하고 공감해야 함을 깨달았다. 그리고 여성들이 아동 노동을 폐지하는 개혁을 지지하길 원하면서, 교육에 대한 여성의 선택과 기회를 제한하는 전통적 교육과정을 거부했다. 또한 미래의 전쟁 발발을 예방할 수 있는 세계적 회의체로서 1차 세계대전 후 설립된 국제연맹에 찬성하는 운동에도 적극적으로 참여했다.

그 무렵, 이탈리아인 여성 마리아 몬테소리는 유럽 각지를 여행하면서, 교사들에게 권위주의적인 교수법을 버리고 학생이 무엇을 공부할지 선택할 수 있는 역동적인 교육과정으로 대체할 것을 권고했다. 그녀는 권위주의적인 교사를 무턱대고 따르지 않는 아이들은 참전을 촉구하는 권위주의적 통치자에게 넘어가지 않을 것이라고 추론했다. 그녀는 아동의 정신을 해방하고 타인에 대한 사랑을 고취하며 권위에 대한 맹목적인 복종을 제거하는 교육에 평화가 달려 있다고 보았다. 몬테소리는 교사의 교수법이 평화로운 세상을 만드는 데 공헌할 수 있다고 강조했다. 이런 이유로 모든 학교가 건전한 가정의 양육 특성을 반영해야 한다고 피력한다.^{Montessori, 1946/1974}

2차 세계대전의 공포는 "세계시민교육"에 대한 새로운 관심을 불러일으켰다. 전쟁 직후 허버트 리드^{Herbert Read, 1949}는 사람들에게 평화 증진의 동기를 부여하는 이미지를 만들어 내는 예술과 평화교육의 결합을 주장했다. 동시대의 마리아 몬테소리처럼, 그는 인간이 파괴적인 폭력의 함정에서 벗어나기 위해 창의력을 사용할 수 있다고 주장했다.

학교 기반의 평화 프로그램

대학 수준의 학문적인 평화연구 프로그램은 1948년 미국 인디애나주 노스 맨체스터에 있는 맨체스터대학교에서 처음 도입되었다. 얼마 지나지 않아 1950년대, 평화연구는 대량 살상을 초래한 전쟁의 과학에 대응하기 위한 "평화의 과학"으로 발전했다. 1955년 버트런드 러셀^{Bertrand Russell}과 알베르트 아인슈타인^{Albert Einstein}이 발표하고 여러 저명한 학자가 서명한 성명서에서는 수소폭탄 출현으로 인류 문명에 제기된 위협을 논의하기 위해 모든 과학자가 정치적 신조와 관계없이 결집하자고 촉구했다.

1980년대, 전 세계 교육자들은 핵전쟁 위협에 따른 인류에 임박한 대참사를 경고했다. 핵으로 인한 멸망의 위협이 절실하게 우려되는 10년을 대표하는 세 권의 책이 있다. 노르웨이의 비르기트 브록-우트네^{Birgit}

Brocke-Utne의『평화를 위한 교육』[1985], 미국의 베티 리어든의『포괄적 평화교육』[1988]과 이안 해리스의『평화교육』[1988]이 그것이다. 브록-우트네는 군사주의, 전쟁, 가정폭력 등에 나타나는 남성적 공격성이 노소를 가리지 않고 모든 사람에게 가하는 파괴적인 충격을 지적했다. 그녀는 페미니즘이 효과적인 군축의 출발점이라고 주장했다. 이에 더해 전쟁 없는 사회에도 상당한 가정폭력이 잠복해 있어서 반드시 평화롭지는 않다고 지적했다. 리어든은 학교교육의 핵심 가치는 배려, 관심, 헌신이어야 하고 평화교육의 핵심 개념은 '지구에 대한 책무', '세계시민성', '인도적인 관계'여야 한다고 주장했다. 해리스는 대학 강의실은 물론이고 공동체 교육, 초등학교와 중등학교에도 적용될 수 있는 평화교육의 총체적 접근을 강조했다. 그는 또한 평화에 관해 가르치려면 평화적인 교수법이 필수적임을 강조했다. 평화적인 교수법의 핵심 요소는 협동 학습, 민주적 공동체, 도덕적 감수성과 비판적 사고이다.

20세기 말 즈음의 이러한 평화교육 확장은 평화운동, 평화연구 및 평화교육 사이의 중요한 공생 관계를 시사한다. 활동가들은 국가 간 전쟁, 환경 파괴, 핵에 의한 대학살 위협, 식민주의적 침략, 문화적·가정적 또는 구조적 폭력 등 폭력의 위험에 대해 사람들에게 경고하는 전략을 발전시켰다. 이러한 발전을 연구하는 학자들이 평화연구 분야를 더욱 발전시킨다. 활동가들은 그들의 메시지를 확산하고자 포럼 개최, 소식지 발행, 평화 시위 후원 같은 비공식적이고 공동체에 기반한 평화교육 활동을 실천했다. 이러한 활동을 주시한 교사들은 생태계 지속가능성, 전쟁, 그리고 평화에 도전할 수 있는 인식을 기를 수 있도록 학교와 대학에서 평화연구 강좌 및 프로그램을 장려했다.

다양한 맥락에서의 평화교육

평화교육의 다양성은 그것이 실천되는 무수한 상황에 의해 더욱 풍부해진다. 어떻게 안보를 이룰 것인가를 생각해 보더라도 개인마다 의견이 엇갈리기 때문에, 평화교육 수업에서 설명하는 평화로의 길은 매우 다양하다. 한 이스라엘 교육자는 인간 존재를 괴롭히는 다양한 분쟁 때문에 평화교육 프로그램이 여러 가지 형태를 취한다고 말하기도 했다.

> 비록 목표가 비슷할지라도 각 사회는 교육자의 관점과 창의성 뿐 아니라 이슈 전반, 조건, 문화에 따라 각기 다른 형태의 평화교육이 구성될 것이다.Bar-Tal, 2000, p. 35

각기 다른 형태의 폭력에는 그 분쟁의 해결 전략을 다루는 독특한 형태의 평화교육이 필요하다. 격렬한 분쟁 상황에서의 평화교육은 적의 이미지를 탈신비화하려고 시도하며 전투원에게 전쟁 행위를 중단하라고 촉구한다. 민족 간 긴장이 있는 지역의 평화교육은 타인의 고통에 대한 공감을 고취하고 적대 행위를 줄이기 위해, 갈등에 연루된 다양한 집단의 고통에 대한 인식과 다문화주의에 의존한다. 집단적인 물리적 폭력으로부터 자유로운 지역의 평화교육자들은 가정 폭력과 시민 폭력의 원인에 대해 가르치고, 세계적인 문제, 빈곤 문제, 환경의 지속가능성, 비폭력의 힘 등에 관한 관심을 키우려고 노력한다.

저개발, 기아, 빈곤, 문맹, 인권 박탈 등의 문제를 염려하는 평화교육자들은 가난한 나라에 존재하는 위기에 대한 이해와 저개발 문제의 해결책을 모색한다. 평화교육자들은 지배 및 억압 성향과 위계질서를 가진 사회 제도에 초점을 두면서, 구조적 폭력의 다양한 측면에 대한 통찰을 제공하기 위해 개발연구를 한다. 이러한 연구는 구조적 폭력의 문제를 부각하고 인류 사회를 개선하기 위한 평화 구축 전략을 강조한다.

많은 국가의 평화교육자들은 계속해서 인권에 초점을 맞추고 있다. 인권에 관한 관심은, 20세기에 시민적·문화적·민족적 폭력 등을 다루는 국제형사재판소 같은 국제기구를 설립하여 무고한 사람을 공격한 독재자를 법정에 세우려 한 시도에서 출발하였다. 이러한 전통에 속하는 평화교육자들은 경제적·사회적·정치적 정의를 성취하기 위해 추구해야 하는 가치를 제시한 1948년 12월 「세계인권선언」의 지침을 따른다.

인권에 대한 다양한 언술은 보편적으로 적용되고 정부법을 대체하는 상위의 법체계, 즉 자연법 개념에서 유래한다. 인권에 관한 연구는 조약, 국제기구, 국내 및 국제 법원에 관한 연구이다. "정의를 통한 평화"로 알려진 평화에 대한 이러한 접근은 정부가 보호해야 하는 어떤 양도할 수 없는 권리를 인간이 가지고 있다는 생각에 기초한다. 따라서 정치적 신념 때문에 정부로부터 박해를 받는 사람들은 그들의 대의에 대한 지지를 얻기 위해 국제법에 호소할 수 있다. 인권 유린과 이를 없애기 위한 투쟁이 많은 폭력적인 갈등의 중심에 있다. 인권 기관들은 성별, 장애 및 성적 지향에 따른 차별에 대항하는 권리를 옹호한다.

1980년대 초, 평화교육자들이 폭력적인 문화 속에서 자란 학생들의 상처를 치유하기 위해 노력하면서, 시민·가정·문화·민족 형태의 폭력에 더욱 관심을 두게 되었다. 그리하여 학교에서 갈등 해결에 관한 수업을 확대하기 시작했다. 2000년대 들어, 갈등 해결 교육은 서구에서 가장 빠르게 성장하는 학교 개혁 중 하나이기도 하다. 갈등 해결 교육자들은 포스트모던 사회에서 생존하는 데 필요한 기본적인 의사소통 능력을 키워 준다. 여기서 주목하는 것은 대인관계 및 시스템으로 갈등 당사자들이 의사소통 능력을 사용해 갈등 상황에 있는 이들이 서로의 차이를 좁히고 해결할 수 있도록 하는 것이다. 미국 학교의 약 10%가 일종의 또래조정 프로그램을 운영한다.[Sandy, 2001] 갈등 해결 교육자들은 분노 관리, 충동 조절, 정서 인식, 공감 발달, 자기주장, 문제 해결 등과 같은 인간관계 능력에 대해 가르친다. 갈등 해결 교육은 학생들에게 대인관계의 갈등을 관리하는 데 사용할 수 있는 화해 능력을 키워 주지만, 학교 밖에서 발생하는 다양한 종류의 시민·문화·환경 및 세계적 폭력을 반드시 다루지는 않는다.

중동의 이스라엘-팔레스타인 분쟁 같은 다루기 힘든 영역에서 자주 제시되는 평화교육 목표 중 하나는 "적"에 대한 인식에서부터 분쟁을 연구함으로써 그들에 대한 연민을 만들어 가도록 하는 것이다.[Salomon, 2002] 서로 다른 집단이 각자의 관점에서 분쟁을 바라보기 때문에 여기서의 평화교육은 "타자"의 관점을 정당화하기 위한 여러 접근을 시도한다. 이는 상대방과의 의견 일치보다는 오히려 그 관점이 타당하다고 보는 것을 요구하며, 이것이 갈등의 두 당사자 간의 긴장을 감소시킬 수 있다고 본다. 평화교육에 대한 이러한 접근은 사람들의 마음을 열어 평화를 구축하려고 시도한다.

20세기 말에 발달한 또 다른 평화교육은 환경교육이다. 환경론자들은 현대 삶에 대한 가장 큰 위협이 자연 서식지 파괴라고 생각한다. 일찍이 T. S. 엘리어트[Eliot, 1936]는 "이것이 세상이 끝나는 방식이다. 쾅 하는 소리가 아니라 낑낑거리는 소리와 함께"[p. 107]라고 말한 바 있다. 그때까지 전 세계의 많은 평화교육자가 미국과 소련(1989년 붕괴) 간의 재앙적인 핵전쟁 위협에 초점을 맞췄다. 오늘날 환경교육자들은 젊은이들이 생태 위기를 인식하도록 도우며, 환경의 지속가능성을 창출하는 도구를 제공하고 재생 가능한 방식으로 자원을 사용하도록 가르친다. 그들은 평화 공존을 위한 근원적인 토대가 환경의 안녕health과 지속가능성에 있다고 주장한다.

역사적으로 볼 때, 전쟁의 위험을 우려하는 평화교육자들은 환경 위기를 외면해 왔다. 평화교육자들은 지구온난화 대두, 급속한 종 소멸, 물 부족, 오염의 악영향 등으로 인해 외국의 위협으로부터 국가의 시민을 보호하기 위한 군사안보에 관해 이야기하는 것만으로는 충분치 않으며, 인간이 자연 과정에 의해 보호되고 양육된다는 생태적 안보 ecological security에 기초한 평화 개념을 고취해야 한다는 것을 깨닫기 시작했다.Mische, 1989

이러한 평화교육 시도의 공통점은 사람들이 폭력의 근원을 이해하도록 돕고 폭력에 대한 대안을 가르치려는 열망이다. 여러 유형의 평화교육은 잉태한 폭력의 문제점과 교육 목표가 서로 다를지라도, 폭력이 초래하는 파괴에 대한 우려와 그 폭력에 대처하는 전략에 대한 인식을 공유한다. 이렇게 각기 다른 맥락에서 평화교육자들은 갈등을 성공적으로 관리할 수 있는 기술을 가르치고 폭력을 멈출 방법에 대한 공감대 형성을 시도하고 있다.

결론

20세기 동안 평화교육이 상당히 발전해 왔지만, 현실적으로 전 세계의 학교 시스템에서 평화교육은 자리를 잡지 못했다. 몇몇 나라는 학교 기반 평화교육 활동을 활성화하기 위해 유엔 권고를 이용해 왔다. 그러나 대부분 국가에서는 이를 무시했다. 필리핀, 우간다 같은 일부 국가는 공립학교에서 평화교육을 의무화했지만, 이 새로운 과목의 여러 가지 복잡성을 이해하는 교사를 양성할 자원이 부족하다. 대부분 국가에서 평화교육은 공동체를 무대로 일상적으로 수행된다. 예컨대 이스라엘의 '이제는 평화Peace Now'는 팔레스타인-이스라엘의 분쟁 해결을 위해 이스라엘 정부의 정책보다 덜 폭력적인 해결책에 대한 시민들의 지지를 얻기 위한 대규모 집회를 열었다. 전 세계의 현지 활동가들은 자신들의 공동체에서 벌어지는 폭력에 몸서리치며, 군사정부의 폭력적인 정책에 반대하도록 자기 동료 시민들을 설득하려고 시도한다. 이는 2000년대 초에 가장 널리 통용되던 평화교육의 모습이다.

학교 시스템은 평화교육자와 활동가들이 제안하는 교육적 통찰을 대체로 무시해 왔는데, 이는 주로 학교 졸업생들이 하이테크 글로벌 경제에서 경쟁할 수 있도록 수학과 과학을 더 많이 교육과정에 포함하라는 문화적·경제적 압력 때문이다. 대부분의 나라에서 가상의 적국이나 실재하는 적국을 두려워하는 시민들은 평화교육을 "유약한" 것으로 여겨 수용하지 않는다.

20세기 말부터 테러리즘의 위협이 커지면서, 평화교육자들이 학교 당국자에게 자국 시민의 안전을 보장하기 위해 추진되는 "힘을 통한 평화" 정책에 반대하는 이들의 노력을 지지하라고 설득하기가 어려워졌다. 게다가 평화교육자들이 평화교육을 위한 공통의 교육과정을 중심으로 뭉치기 시작한 것도 최근의 일이다. 여기에는 평화교육의 역사적 뿌리인 국제교육은 물론이고 현대의 인권 협약들, 대인관계 폭력에 대응한 페미니스트들의 방향, 구조적 폭력 문제에 관한 관심, '평화의 문화' 조성 강조, 환경 문제의 시급성 등 폭력적인 분쟁으로 점철된 지난 세기 동안 얻어진 통찰도 포함되어 있다.^{Harris & Morrison, 2003} 이제 평화교육자들은 더 이상 국가 간 경쟁에만 관심을 두지 않으며, 정체성과 종교에서 비롯된 분쟁과 갈등에서 생겨나는 국가 내부의 폭력과 혼란을 없애는 방법을 연구한다. 그들은 갈등 해결, 용서, 폭력 예방 기술, 그리고 국가 간 전쟁에 관심 있는 정치학자의 지정학적 접근에 균형을 맞추는 실제적인 수업을 평화교육에 추가했다. 새로운 학문 분야를 위한 토대는 마련되었고, 강력한 평화의 전당을 어떻게 세울 것인지를 생각해 내는 일은 미래의 평화교육자들에게 남겨졌다.

참고문헌

Addams, J. (1907). *Newer ideals of peace*. New York: MacMillan.

Banta, B. (1993). *Peaceful peoples: An annotated bibliography*. Metuchen, NJ: Scarecrow Press.

Bar-Tal, D. (2002). The elusive nature of peace education. In G. Salomon & B. Nevo (Eds.), *Peace education: The concepts, principles, and practices around the world* (pp. 27-36). Mahwah, NJ: Erlbaum.

Brocke-Utne, B. (1985). *Educating for peace: A feminist perspective*. New York: Pergamon Press.

Comenius, J. (1969). *A reformation of schools* (S. Harlif, Trans.). Menston (Yorks): Scholar Press. (Original work published 1642).

Eliot, T. S. (1936). *The hollow men. Collected poems of T.S. Eliot*. New York: Harcourt Brace.

Hamann B. (1996). *Bertha von Suttner*. Syracuse, NY: Syracuse University Press.

Harris, I. (1988). *Peace education*. Jefferson, NC: McFarland.

Harris, I., & M. Morrison. (2003). *Peace education* (2nd edition). Jefferson, NC: McFarland.

Mische, P. (1989). Ecological security and the need to reconceptualize sovereignty. *Alternatives, 14*(4), 389-428.

Montessori, M. (1974). *Education for a new world*. Thiruvanmiyur, India: Kalakshetra Press. (Original work published 1946)

Read, H. (1949). *Education for peace*. New York: C. Scribner's Sons.

Reardon, B. (1988). *Comprehensive peace education: Educating for global responsibility*. New York: Teachers College Press.

Salomon, G. (2002). The nature of peace education: Not all programs are created equal. In G. Salomon & B. Nevo (Eds.), *Peace education: The concepts, principles, and practices around the world* (pp. 3-14). Mahwah, NJ: Erlbaum.

Sandy, S. (2001). Conflict resolution in schools: "Getting there." *Conflict*

Resolution Quarterly, 19(2), 237-250.

Scanlon, D. (1959). The pioneers of international education: 1817-1914. Teacher's College Record, 4, 210- 219.

Stomfay-Stitz, A. (1993). Peace education in America 1828-1990, sourcebook for education and research. Metuchen, NJ: Scarecrow Press.

3장
존 듀이와 평화교육

찰스 F. 하울릿(Charles F. Howlett)

서론

존 듀이는 여전히 미국에서 가장 저명한 철학자이자 교육이론가 중한 사람이다. 1차 세계대전 이후 그는 자신의 도구주의와 진보교육 이념을 세계 평화의 발전에 적용했다. 듀이의 평화교육은 역사와 지리 같은 교과목이 국제주의 증진이라는 목표를 전제로 해야 한다는 견해에 기초한다. 그의 교육 목표는 각 국가에서 전쟁의 근원이 되는 애국주의와 국가주의 육성에 대항하는 것이었다.

배경

존 듀이는 1859년 10월 20일 버몬트에서 태어나고 버몬트대학교(AB)와 존스홉킨스대학교(PhD)에서 교육받았다. 1890년대 시카고대학교에서 가르치는 동안 그는 대표적인 실용주의 철학자로서 입지를 굳혔다.

그는 진화생물학과 심리학의 영향을 받아 헤겔의 관념론을 버리고, 관념이란 환경에서 부딪치는 문제를 해결하는 도구라고 간주하는 도구주의적 지식 이론을 받아들이게 되었다. 1904년 컬럼비아대학교에 임용되기 전에 이미 듀이는 학교와 교육에 관한 저술로 광범위한 독자층을 확보했다. 그는 『학교와 사회The School and Society』[1899]와 『아동과 교육과정 The Child and the Curriculum』[1902]에서 교육적 과정은 아동의 관심을 바탕으로 구축되어야 하고 아동이 교실에서 사고와 행동의 상호작용을 경험할 기회를 제공해야 하며, 학교는 사회의 축소판으로 조직되어야 한다고 주장했다. 또한 교사는 정해진 수업과 설명을 해 주는 엄격한 감독관보다는 학생과 함께하는 동료 겸 안내자가 되어야 하며, 교육 목표는 아동의 성장이라고 주장했다. 듀이의 걸작인 『민주주의와 교육Democracy and Education』[1916a]은 미국 교육사에서 그의 명성을 굳건히 했다.

그러나 존 듀이는 1914년부터 1918년까지 세계에서 일어나는 사건들에 대해 어떠한 준비도 되어 있지 않았다. 미국 최고의 교육철학자로 칭송받았지만, 그 역시 세계대전이라는 시험대에 올려졌다. 1차 세계대전 중, 그는 무력 사용이 민주적으로 조직된 세계 질서라는 목표를 실현하는 데 유용하고 효율적인 수단을 제공할 수도 있다고 판단했다. 그는 〈국제윤리학 저널〉과 〈뉴 리퍼블릭〉에 기고한 「무력과 강제」와 「무력, 폭력, 그리고 법」에서, 무력은 도덕적으로 옳으며 전쟁은 법적으로 정당화된다고 언급했다.[Dewey, 1916b, 1916c]

그는 컬럼비아대학교 제자인 랜돌프 본Randolph Bourne의 따가운 질책을 가볍게 여겼다. 본은 존경받는 철학자의 도구주의가 진정한 국익 및 민주적 가치와 전쟁의 관계를 오판하는 함정에 빠졌다고 지적함으로써 듀이의 전쟁 지지에 반기를 들었다. 강한 어조의 기고문 「우상의 황혼」

1917에서 본은 듀이의 지나친 낙관주의가 지성의 힘을 과대평가하고 폭력과 불합리성의 힘을 과소평가하기에 이르렀다고 주장했다.

평화교육에 대한 공헌

본의 비판에 따르면, 듀이의 전쟁 지지는 기계적인 의식이며 도덕적으로 맹목적인 기교이기 때문에 이것이 전쟁 후 컬럼비아 철학자들의 평화교육 장려로 이어졌다. 전후 여러 해 동안, 평화교육에 대한 듀이의 관심은 도덕적 신념, 민주적 가치 및 비종교적 윤리학의 기이한 혼합으로 규정되었다. 1918년 이후 그의 실용주의 철학과 평화교육 활동의 기본 요지는 국가주의적 선전을 최소화할 수 있는 차별화된 방식의 지능의 방법method of intelligence을 체계적으로 나타내는 것이었다. 전쟁을 제도적으로 없애려면 기존의 사회·정치적 관습을 재구성할 교육 프로그램이 필요했다. 전쟁의 비극은 듀이에게 학교가 역동적인 변화의 기반이 될 수 있다는 확신을 주었다. 적절한 방향만 제시된다면, 학교는 관습을 반영하기만 하는 기관이 아니라 역동적인 행위주체가 될 수 있다. 즉 개혁의 도구로서 학교는 학생 개개인이 비폭력적인 세계를 만들어 갈 수 있는 자기 가능성을 깨닫게 하는 동시에 평화의 이름으로 사회를 개조하기 위한 구체적인 구조와 방안을 모색하고 강화할 수 있다.

두 차례 세계대전 사이에, 듀이는 학교와 교과서에서 인습적으로 행해지던 애국주의적 교화patriotic indoctrination와 대조되는 평화교육이 세계를 더 잘 이해하게 하는 효과적인 도구가 되도록 하는 방법을 활발하게 검토했다. 특히, 세계 평화와 보편적 시민의식을 확립하려는 노력은 교육에 대한 사회과학적 접근에 기반을 두었다. 듀이는 국가 간 이해를 구축하는 데 필요한 주춧돌이 되는 두 과목으로 지리와 역사를 지목했다. 그는 지리와 역사를 통해 학생들이 현재를 극복하기 위해 과거를 재구성할 수 있다고 믿었다. 두 과목 모두 학교에서 시민의식이라고 가르치던 맹목적 애국심chauvinism의 사악한 측면을 일부라도 극복하는 데 필요했다.

예컨대 지리 공부와 관련하여, 듀이는 아동 중심 및 공동체로서의 학교라는 개념들을 여러 민족과 그들의 사회에 관한 구체적인 조사에 적용했다. 평화 개념을 세계에 대한 인식으로 연결하려면 "학생들이 자연과 사회에 대한 통찰력을 얻도록 돕고, 배운 바를 사회 및 정치 문제 공부에 적용하는 데 도움을 주는" 지리 수업 방법이 필요했다.Dewey, 1927, pp. 174-175 어린 학생들에게 제대로 된 지리 수업을 하려면 모든 민족, 문화, 관습, 직업, 예술 그리고 사회가 문화 전반의 발전에 공헌한 바를 참작해야 한다. 학생들이 "산의 높이와 강의 길이에 대한 걱정을 그만두는 것이 중요하다. 우리는 이러한 것들을 문화 발전의 맥락에서만 고려해야 한다".Dewey, 1939, pp. 725-728

감수성이 예민한 청소년에게 지리를 가르치는 것이 세계에 대한 안목을 형성하는 데 필요한 촉매 역할을 하려면 역동적이어야 했다. 듀이 1916a, p. 212는 "지리는 원래 상상력에 호소하는 주제이다. 심지어 낭만적인 상상력에도 호소한다. 익숙한 장면과는 딴판인 다양한 민족과 환경이 무한한 자극을 제공한다"p. 212고 했으며, 교육과정의 중요한 부분으로서 글로벌 협력을 촉진하는 데 필요한 "지리 수업은 지적으로 더 정직해야 하고, 학생들이 동시대 삶의 실제 현실과 서서히 마주하게 해야 하며, 의외의 놀라운 장면으로 접하게 두면 안 된다"Dewey, 1958, p. 4a고 주장했다.

역사 수업도 시대, 군사적 영웅과 전투에 관한 공부를 강조하는 종래 방식에서 벗어나 평화의 목표를 고취해야 한다. 듀이가 교육과정에서 강조한 것은 교사들이 역사의 사회적 의미에 더 초점을 맞추라는 것이었다. "역사는 영웅의 이야기가 아니라 사회 발전의 이야기이다. 역사는 우리에게 현재와 미래의 사회적 문제 해결에 이바지하는 과거에 대한 지식을 제공한다."Clopton & Tsuin-Chen, 1973, p. 277에서 인용 전쟁 같은 현대의 문제들은 "문제의 근원을 파악하고, 문제를 처리한 과거의 노력을 조사하며, 어떤 종류의 상황으로 인해 문제가 되었는지를 알아내기" 위해 그 역사적 배경 속에서 검토되어야 한다.Clopton & Tsuin-Chen, 1973, p. 277에서 인용 문제를 해결하고 가치를 명료화하기 위한 미래 지향적인 접근과 결부된 과거에 대한 지식은 듀이의 역사 개념을 도덕적 지상명령이라고 특정했다. 이에 대해 듀이Dewey, 1916a는 "연관된 삶의 현재 형태들에 대한 지적인 통찰"이라고 주장한다.

> 편견 없는 순수함 이상의 도덕성을 가진 인물에게 필요하다. 역사 지식이 그러한 통찰을 갖게 하는 데 도움을 준다. 개인들이 공유하는 현재의 사회적 상황에 대해 더 지적이고 공감하는 이해를 위해 역사가 주는 도움은 영구적이고 건설적인 도덕적 자산이다.p. 217

평화교육의 중요성을 강조하는 데 이바지한 듀이의 주요 주장은 국제적 조화를 이루기 위해서는 먼저 국내의 제도적 사고에 중요한 변화가 일어나야 한다는 것이다. 『인간의 본성과 행위Human Nature and Conduct』1922에서 듀이는 "역사가 전쟁의 필연성을 증명하지는 않지만, 정치와 경제의 특정 양식으로 현지인 세력들을 조직하는 관습과 제도가 전쟁 양식도 만들어 낸다는 것은 증명한다"^{p. 115}라고 말했다. 갈등과 분쟁을 통제하는 핵심은 국가주의에 부탁된 감정과 가치를 끌어내리고 그 자리를 국제법과 국제기구에 기초한 세계 질서로 대신하는 것이었다. 1차 세계대전의 여파 속에서 그는 "위신과 명예의 문제가 선동되는 것은 전쟁을 합법화하며 전쟁범죄를 처벌하는 법정이 부재하기 때문이다. 이 문제는 전쟁이 불법화될 때까지 근거 없는 이유로 벌이는 전쟁 지지에 참여하게 하는 수단으로 남을 것이다"라고 썼다.^{Dewey, 1923, p. 15}

듀이는 국제이해를 증진하려는 노력으로 1920년대에 국제주의에 대한 인식을 높이는 한편 군사주의 찬양에 도전하는 학교 프로그램을 요구했다. 그는 제임스 하비 로빈슨_{James Harvey Robinson} 교수가 쓴 「새 역사」의 사회과학적 접근 방식을 교육과정에 적용하여, 미국 교실에서 사용되는 현행 사회과 교과서가 국제 우호 분위기를 조성할 가능성을 감소시킬 뿐 아니라 국내의 불관용 가능성을 높였다고 비난했다. 전쟁 불법화 운동과 세계 법원의 중요성, 카리브 지역에서의 미국의 군사 개입 같은 문제를 다루지 않았기 때문이다. 이러한 동향에 대응하기 위해, 듀이는 평화교육 프로그램을 국제적 맥락 안에서 국가주의 주제를 탐구하는 교육과정으로 개발할 것을 장려했다.

그의 평화교육 교육과정은 세계애_{world patriotism} 고취를 중심으로 설계되었다. 「아동의 사회의식과 사회적 이상을 개발하는 수단으로서의 학교」라는 제목의 아주 중요한 기고문에서 그는 "우리에게는 역사, 지리, 문학에 대한 교육과정이 필요하다"라고 역설했다.

그것은 장차 증오와 불신의 불길이 이 나라를 휩쓸지는 못하게 만들 것이며, 결국은 불가능하게 만들 것이다. 왜냐하면 아이들의 사고방식이 형성기에 있을 때, 우리는 학교를 통해 그들에게 다른 국가와 민족들에 대한 존중 의식과 친근감을 정립해 줄 것이기 때문이다.^{Dewey. 1923, p. 516}

전쟁이 하나의 제도로서 창궐하는 것은 당대의 가치와 신념에 의문을 제기하는 법을 배우는 사람이 아무도 없기 때문이다. 그의 평화교육 프로그램의 진정한 가치는 제도적 습관을 상쇄할 수 있는 새로운 도덕적 가치를 학생들에게 심어 준 것이다. 듀이는 전쟁이 인간 본성의 일부라고 주장하는 보수적인 평론가들에게 도전하면서 다음과 같이 응답했다.

> 전쟁과 기존 경제체제는 별개로 논의되어 오지 않았다. 그것들은 원초적 충동과 후천적 습관 사이의 관계를 보여 주는 매우 중요한 사례이다. … 순수 심리학은 어려움을 다른 곳에서 찾는데, 확립된 습관의 타성에 문제가 있음을 보여 준다.^{Dewey, 1922, p. 125}

그러나 오늘날에도 유의미한 듀이의 평화교육 프로그램의 핵심은 국가주의 개념을 보다 초국가적인 시각으로 변화시킨 것이다. 그는 프로이센에 의한 독일 통일에서 국가주의가 얼마나 성공적이었는지 잘 알고 있었으며, "국가적 유산 중에서 사회적으로 가장 유용한 것을 보존하고 새로 형성되는 국제사회의 이슈에 부응하기 위한 새로운 교육운동"을 전개하기 위해 학교에서 그 역사적 경험을 활용하려 했다.^{Curti, 1967, p. 1109에}

서 인용 예로부터 전해오는 애국주의와 '국익'의 동일시는 습관과 훈련으로 길러진 것으로 필연적으로 다른 국가의 문화에 대한 배타성, 의심, 질시 및 비호감을 초래했는데, 이보다는 인간 복지human welfare라는 더 넓은 개념을 중시했어야 한다. 듀이가 두 차례 세계대전 사이에 장려한 평화 교육 프로그램은 아래와 같은 것이다.

> 제한된 지리적 범위를 떠나서, 인간의 협동 활동과 그 결과물 안에 사람들을 결속시킨다. 모든 사람이 서로서로 충만하고 자유로우며 풍성하게 제휴하고 교류하는 것에 관해서는 국가의 통치권이 부차적이고 임시적인 특성을 갖는다는 점을 가르쳐 정신적 성향으로 작용하게 해야 한다.Curti, 1967, p. 1109에서 인용

결론

평화교육에 대한 존 듀이의 관심은 1917년 우드로 윌슨 대통령의 전쟁 목적을 지지한 것에 대해 혹독히 비난받은 것에서 어느 정도 영감을 받았다. 훌륭하게도, 그는 그러한 비판을 수용하여 자신의 사회철학과 정치철학이 미국의 학교교육에서 평화교육에 대한 관심을 발전시킬 수 있는 방안을 생각하며 아래와 같이 말했다.

> 그렇게 배운 교훈은, 국가 간 평화라는 담대한 목적을 고취하고, 경제적 안보를 증진하고, 자유와 평등 증진을 위해 정치적 수단을 이용하고, 민주적 제도의 범세계적 대의명분을 고취하

는 데 인간의 태도와 노력이 결정적이라는 것이다.[Dewy, 1945, p. 30]

이에 따라서 그는 "평화, 민주주의, 경제적 안정이라는 목적을 열망하고 성취할 수 있는 습관과 세계관을 형성하는 데 교육이 기본적으로 중요함을 알게 될 것"이라고 말했다.[Dewey, 1946, p. 30] 2차 세계대전의 공포와 원자폭탄의 출현조차도 그가 국제이해를 증진하기 위해 학교를 이용하려는 목표를 단념시키지 못했다. 그는 1952년 사망 시까지 그 믿음을 고수했다.

실제로, 베트남 전쟁 이후 미국 전역의 대학에서 다수의 평화교육과 평화연구과제가 생겨났다. 이러한 프로그램과 평화강좌의 많은 부분에 듀이의 상대주의적 사유가 국제이해와 국내의 사회정의를 증진하는 도구로 통합되었다. 하지만 사실상 가장 큰 문제는 미국의 초등 및 중등 교육에 남아 있다. 초중등학교에서는 여전히 강력한 애국주의적 시민의식으로 청소년의 정신을 형성하고 있다. 두 세계대전 사이에 듀이는 대부분의 노력을 바로 이 시기의 교육에 기울였다. 듀이는 학교교육에서의 평화교육 프로그램을 요구하면서, 세계애world patriotism라는 발상을 널리 알리고, 지리와 역사 등 사회과학을 다른 문화를 이해하기 위한 가교로 사용하며, 국가 간 전쟁의 기본적인 원인이었던 애국주의와 국가주의의 사악한 측면을 바로잡는 등의 목표를 달성할 수 있는 태도를 개발하는 교육과정을 만들라고 권장했다. 그는 교사들의 역할에 이의를 제기하고 국가 간의 평화와 세계적 협력의 가치를 그들의 교육과정에 포함하라고 촉구하기도 했다. 교육에서의 인류공동체 옹호에 관해 듀이[Dewy, 1971]는 다음과 같이 주장했다.

우리가 물려받은 가치의 유산을 보존하고, 전달하고, 교정하고, 확대하는 책임인데, 우리는 후손들이 우리가 물려받았을 때보다 더 견고하고 확실하게, 더 널리 접근할 수 있게, 더 아낌없이 공유받을 수 있도록 해야 한다.[p. 87]

이런 신조는 항구적인 평화를 확립하기 위한 그의 교육적 청사진이자 도구였다.

참고문헌

Bourne, R. (1917, October). Twilight of idols. *Seven Arts*, 688-702.

Clopton, R. W., & Ou, T.-C. (Eds.). (1973). *John Dewey: Lectures in China, 1919-1920*. Honolulu, HI: University of Hawaii Press.

Curti, M. (1967, Winter). John Dewey and nationalism. *Orbis*, X, 1109.

Dewey, J. (1899). *The school and society*. Chicago: University of Chicago Press.

Dewey, J. (1902). *The child and the curriculum*. Chicago: University of Chicago Press.

Dewey, J. (1916a). *Democracy and education*. New York: Macmillan.

Dewey, J. (1916b). Force and coercion. *International Journal of Ethics*, 26, 359-367.

Dewey, J. (1916c). Force, violence and the law. *New Republic*, 5, 295-297.

Dewey, J. (1922). *Human nature and conduct*. New York: Henry Holt.

Dewey, J. (1923). *Outlawry of war: What it is and is not*. Chicago: American Committee for the Outlawry of War.

Dewey, J. (1927). *The public and its problems*. New York: Henry Holt.

Dewey, J. (1939). Education and American culture. In J. Ratner (Ed.), *Intelligence in the modern world* (pp. 725-728). New York: Random House.

Dewey, J. (1946). *The problems of men*. New York: Philosophical Library.

Dewey, J. (1958). *Experience and nature*. New York: Dove.

Dewey, J. (1971). *A common faith*. New Haven, CT: Yale University Press.

4장
마리아 몬테소리와 평화교육

셰릴 더크워스(Cheryl Duckworth)

전쟁을 방지하는 것은 정치인의 일이고, 평화를 확립하는 것은
교육자의 일이다. -마리아 몬테소리

평화교육이 발전하면서 학자와 실천가들은 이 분야의 창시자가 누구
인지 더욱 의문을 지닌 채 토론하게 되었다. 공자만큼이나 오래되고 유
엔만큼 젊은 분야이므로, 딱 잘라 말할 수는 없다. 부처, 무함마드, 예수
그리스도 같은 주요 영적 지도자들이 때때로 "평화교육자"로 여겨지는
데, 수많은 사람이 그들의 삶과 가르침을 윤리적이고 평화적인 삶의 모
범으로 여기기 때문이다. 이는 평화연구와 평화교육이 다른 지식 분야
와 많은 관련이 있음을 말해 준다. 실제로 평화 및 갈등 해결 프로그램
은 본질적으로 다학제적이며, 사회학·역사학·인류학·심리학·문학 등
다른 분야에 의지하여 갈등의 근원을 탐색하고 현실적으로 무엇을 할
수 있는지를 모색한다. 이러한 모호함이 평화학자와 교육자가 평화교육
과 그 창시자 및 이론들을 정의하려고 할 때 어려움을 줄 수 있다.
평화교육의 주요 인물인 마리아 몬테소리를 탐구하기 전에, 이런 맥락

에서 "평화교육"이 어떻게 사용되고 있는지 정의해야겠다. 그것은 아주 넓은 우산으로 또래조정이나 갈등 해결 기법을 학생들에게 가르치는 것에서부터 다양성, 군축, 환경보호, 빈곤퇴치 등에 관한 교육과정에 이르기까지 무엇이든 제안하는 데 사용되어 왔다. 이 복잡성의 대부분은 평화 구축의 방법 및 양상이 다양하다는 사실에서 비롯된다. 이것은 당연히 갈등 원인의 복잡성을 반영하는 것이다. 나는 개인적으로 이 "빅 텐트"가 편하다. 평화 구축peace-building은 사회경제적 정의의 적극적인 증진을 수반하며, 평화교육은 학생들이 이 과업을 수행할 수 있도록 준비시킨다.

마리아 몬테소리는 대표적으로 아동 주도 학습과 관련 있다. 그녀는 일찍이 인간은 타고난 학습자이며 (종종 전통적인 체계에서 보는 것보다 훨씬 더 어린) 학생들이 퍼즐과 탐구할 문제가 풍부한 환경에 몰두한다면 본능적으로 비고츠키Vygotsky 이론과 유사하게 배울 것이라고 믿었다.[Van der Veer, 1994에서 인용] 『교육과 평화Education and Peace』[1949]에서 자세히 설명되고 있는 그녀의 모형에서는 교사가 학생의 학습을 촉진하지만 학생의 열정과 상상력은 다른 무언가가 이끌어 준다. 미국의 저명한 교육자 존 듀이와 마찬가지로 그녀의 성과는 매우 놀랍다. 중증 지적 장애가 있다고 여겨진 아이들이 성공적인 학습자였기 때문이다.[Lewis, 연도 미상] 교육자들 대부분이 알고 있듯이, 그녀의 교육 방법은 북미, 남미, 유럽 및 아시아에 걸쳐 수천 개의 몬테소리 학교를 통해 오늘날 전 세계적으로 번창하는 교육운동을 탄생시켰다. 보편적이지는 않지만, 일각에서는 그녀가 평화교육의 창시자로 잘 알려져 있다.

몬테소리[Montessori, 1949]는 저술에서 평화를 위한 교육과의 연관성을 분명히 하고 있다. 그녀는 열정적으로 (특히 유엔 창설 이전에) 교육이 전쟁을 완전히 없애는 유일한 수단이라고 주장했다. 명시적이고 의도적인 도덕적, 영적 교육이 없다면 인류는 필연적으로 전쟁의 관습으로 되돌아갈 것이라고 믿었다. 그녀는 세계시민성, 개인의 책임성, 다양성 존중 같은 가치가 모든 아동 (및 성인) 교육의 내재적이면서 명시적인 구성 요소가 되어야 한다고 주장했다. 몬테소리 교육에서 이러한 가치들은 모두 수학, 언어, 과학 과목만큼이나 중요하다. 그녀는 『교육과 평화』에 다음과 같이 썼다.

> 평화는 공동의 합의를 통해서만 달성할 수 있는 목표이며, 평화를 위한 통합을 달성하고자 하는 수단은 두 가지다. 첫째, 폭력에 의존하지 않고 갈등을 해결하는, 즉 전쟁을 방지하는 즉각적인 노력. 둘째, 사람들 사이에 항구적인 평화를 확립하기 위한 장기적인 노력.[p. 27]

세계시민성을 가르치는 일은 학생들(또 그 일에 관련한 교사들)에게 특정한 지식과 가치를 명확하게 함양시키는 것이다. 구체적인 교육과정에는 전쟁과 빈곤의 원인, 의사소통 및 기타 갈등 해결 기법, 군축 등을 다루는 것이 포함될 것이다. 가치에는 통상적으로 다양성 존중과 비폭력이 포함된다. 몬테소리의 독특한 방법은 평화의 가치를 실천하고 평화를 위해 적극적으로 일할 세계시민을 육성하려는 노력을 강화한다. 이것은 몇 가지 교육적인 이유 때문이다.

첫째, 몬테소리와 동시대 사람인 존 듀이도 강조했듯이, 독립적인 비판적 사고를 (물론 나이에 적합하게) 함양하는 것이 민주주의 존립에 필수적이다. 시민들이 정보에 근거해 성찰하는 습관을 붙였을 때, 조종당하고 호도되어 자신의 이익과 무관한 전쟁에 휩쓸릴 가능성이 작아진다. 아이러니하게도, 악명 높은 나치의 괴링Göring도 1946년 뉘른베르크 전범 재판을 기다리는 동안에 이 점을 다음과 같이 지적했다.

> 왜인지 모르지만, 당연하게도 사람들은 전쟁을 원하지 않는다. 그런데 농장의 가난한 게으름뱅이가 전쟁에서 목숨을 걸고자 하는 이유는 무엇일까? 무사히 그의 농장으로 돌아가는 것이 그 위험에서 빠져나올 수 있는 가장 좋은 방법인데… 육성이든 아니든, 사람들은 항상 지도자의 명령에 이끌릴 수 있다. 정말 쉽다. 당신이 해야 할 일은 그들이 공격당하고 있다고 말하고 갈등 중재자들은 애국심이 부족하고 나라를 위험에 빠트린다고 비난하는 것이 전부다. 그것은 어느 나라에서나 똑같이 작동한다.Göring, 1946

사람들이 비판적이고 독립적으로 생각하는 습관을 의식적으로 기른다면 이와 같은 선동으로부터 자신을 보호할 수 있다.

둘째, 평화교육의 또 다른 중요한 인물인 엘리스 볼딩Elise Boulding, 1979은 몬테소리의 방법이 학생에게 자신의 관심사와 열정을 탐구하도록 허용하여 상상력을 키웠다고 했다. 이것은 더 평화로운 세상을 위해서 무엇을 의미하는가? 독립적이고 비판적으로 생각하는 습관이 민주주의를 보호하는 방식을 제공하듯이, 교육에서 상상력을 우선시하는 것이 우리 모두 직면한 공통 문제를 해결하는 데 크게 공헌할 수 있다고 주장하는 것이다. 사회적 기업가는 단지 하나의 최근 사례일 뿐이다. 학생들이 환경과 관련된 과제를 수행했던 일부 교실에서처럼, 교실에서의 학생

리더십이 다른 학생들을 가르치거나 지역 정치에 참여하는 식으로 발현 될 수도 있다.

위와 같은 상상력의 특성과 비판적이고 독립적인 사고 습관은 더 정의롭고 평화로운 세상을 만들어 갈 수 있는 학생을 육성하는 데 아주 중요하다. 이는 몬테소리의 방법과 평화교육이 간접적으로 연관되는 지점이라고 볼 수 있다. 물론 또 다른 명시적 연관성도 수없이 많다. 몬테소리는 전형적인 공립학교에서 관찰되는 도덕교육과 사회교육의 불충분함에 개탄했다. 몬테소리Montessori, 1949가 말하듯이 "도덕적 자아의 속삭임을 거부하고 억압하는 모든 교육은 범죄이다".p. xiv 실제로 국가는 전쟁을 벌이는 사회적 기관이므로, 현행 공립학교 시스템이 진정한 평화교육을 할 수 있는지 물어볼 가치가 있다. 이 질문은 혁명적인 몬테소리의 교수법을 강조한다.

물론 몬테소리 교육에서의 훈육 방법 또는 학급 관리는 평화학자들이 말하는 적극적 평화를 강화하는 것이다. 노르웨이의 평화학자 요한 갈퉁Galtung, 1969이 정의, 조화, 자유, 평등 같은 인간의 가치를 실재하는 적극적 평화로 정의하면서 이 이론을 더욱 발전시켰다. 소극적 평화는 소극적인 것이 전혀 아니며, 폭력의 부재를 뜻한다. 몬테소리Montessori, 1949가 말하듯 "평화의 문제는 전쟁을 피하는 좁은 의미의 소극적 관점에서는 적절히 논의할 수 없다. 평화라는 단어의 의미 자체에 건설적인 사회 개혁에 관한 적극적 개념이 내포되어 있다".p. xi 따라서 평화 행진 같은 평화 구축 활동, 종교 간 대화와 같은 공동체 만들기 포럼, 공정무역 또는 부채탕감 운동 같은 빈곤퇴치 옹호 등이 평화교육의 중요한 특징이 된다. 평화에 대한 몬테소리의 접근은 "소극적 저항주의passivism"라고 할 수 없다. 사실 평화에 관해 소극적인 것은 없다.

평화교육이 효과가 있으려면 교사들과 행정가들이 사용하는 방법이 학생들에게 가르친다고 알려진 가치와 일관되어야 한다. 그것들이 모형화되어야 함은 물론이다. 잠재적 교육과정은 공인된 정규 교육과정과 조화를 이루어야 한다. 몬테소리의 방법 역시 이를 반영한다. 외부로부터 부과되는 훈련 대신에 자기 훈련을 강조한다. 이것은 실질적으로 어떤 모습일까? 우선 학생들이 그들의 공동체의 규칙을 만들고 시행하는 데 참여할 것이다. 둘째, 바람직하지 않은 행동이 발생했을 때, 그 행동을 보인 학생과 피해자 모두를 인간으로서 존중하는 방식으로 다루게 될 것이다.

예상할 수 있듯이, 이 점은 흔히 몬테소리 방법이 이상주의적이고 순진하다고 비판받는 부분이기도 하다. 몬테소리와 같은 입장인 사람들은 이 점에 대해 두 가지 대답을 할 수 있을 것이다. 첫째, 본래 몬테소리 교실에서는 학생들이 진심으로 자기 일에 참여하기 때문에 바람직하지 않은 행동이 줄어든다. 둘째, 많은 공립학교에서 문해력과 중퇴율을 고려해 볼 때, "당근과 채찍" 접근 방식이 통하지 않음을 볼 수 있다. 학생들이 성장하면서 진정한 선택을 해 본 적이 전혀 없는데, 그들이 졸업하자마자 갑자기 이런 능력을 습득하리라고 기대하는 것은 현실적이지 않다. 그래서 내부 규율을 기르는 것이 몬테소리 및 다른 유형의 평화교육이 거둔 가장 중요한 성과이다.

마리아 몬테소리는 평화교육에서 대단히 중요한 인물이다. 그녀는 단지 이론을 만들어 내는 데 그치지 않고 평화를 위한 구체적인 교수법을 개발했는데, 이는 오늘날에도 전 세계적으로 널리 쓰이고 있다.[Duckworth, 2006] 그녀의 방법론은 아동의 전인적 발달에 초점을 맞추고 인간관계 능력과 더불어 창의적이고 비판적인 사고 능력을 소중히 여겼다. 이는 항구적인 평화를 구축하기 위해 영감을 받고 준비하게 될 남녀 모두에게 매우 중요하다.

참고문헌

Boulding, E. (1979). *Children's rights and the wheel of life*. Edison, NJ: Transaction.

Duckworth, C. (2006). Teaching peace: A dialogue on the Montessori method. *Journal of Peace Education*, *3*(1), 39-53.

Galtung, J. (1969). Violence, peace, and peace research. *Journal of Peace Research*, *6*(3), 167-191.

Goering, H. (1946). *Urban legends quotes*. Retrieved November 12, 2007, from http://www.snopes.com/quotes/goering.asp

Lewis, C. (n.d.). As the sun shows itself at dawn. *Free Radical Online*. Retrieved November 12, 2007, from http://freeradical.co.nz/content/20/20 lewis.php

Montessori, M. (1949). *Education and peace*. (H. R. Lane, Trans.). Chicago: Henry Regerny.

Van der Veer, R. (1994) *The Vygotsky reader*. Chapel Hill, NC: Blackwell.

5장
파울로 프레이리와 평화교육

레슬리 바틀릿(Lesley Bartlett)

파울로 프레이리는 누구인가?

파울로 프레이리[1921~1997]는 20세기에 가장 유명하고 영향력 있는 급진적 교육 이론가 중 한 사람이다. 평화교육, 성인교육, 비형식 교육 및 비판적 문해력에 대한 그의 영향은 헤아릴 수 없을 정도이다. 1921년 브라질 북동부의 헤시피에서 태어난 프레이리는 대공황 시기에 곤경을 겪은 중산층 가정에서 자랐다. 결과적으로, 프레이리는 빈곤이 교육 기회에 미치는 영향을 직접 경험했으며, 이는 그의 경력 전체를 특징짓게 된다. 헤시피에서의 대중문화 운동 참여와 헤시피대학교 성인문화교육원 Cultural Extension Department에서 일한 것이 교육 불평등에 대한 비판과 교수법에 대한 그의 획기적인 접근에 큰 영향을 미쳤다.

프레이리의 초기 경력은 라틴아메리카와 카리브해 지역에서 발생한 특별한 정치적, 문화적 변화에서 큰 영향을 받았다. 쿠바 혁명[1959~1961]이 지역 전체의 사회주의 운동에 영감을 주었다. 게다가 제2차 바티칸 공의회[1965]의 결과로 점점 더 많은 가톨릭교회가 해방신학과 가난한 사람들에 대한 헌신을 수용하게 되었다. 프레이리 사상의 형성기는 브라질 북동부에서 급진 정치가 전반적으로 비등해지는 시기와 일치했다. 농민연맹은 농촌 노동자들의 노동권을 요구했고, 가톨릭교회는 성서 해석과 교회 사역에 평신도들을 참여시키기 위해 지역 수준에서 "기초 공동체"를 결성했다. 문화계는 지역 전체에 형성된 대중문화와 사회비평을 증진하는 데 초점을 맞추었고, 좌파 지도자들이 시, 주, 연방 수준에서 선출직에 진출했다. 당시에는(사실 브라질에서는 1988년까지) 문해력이 투표의 필요조건이었으므로, 좌파는 대중적 정치 기반을 구축하기 위해 문해교육에 온 힘을 기울였다.

이러한 상황에서 프레이리는 급진적 인본주의 페다고지radical humanist pedagogy로 유명해졌다. 1963년 프레이리는 연방 교육부에 고용되어 SUDENE Superintendência de Desenvolvimento do Nordeste, 북동부 개발위원회에서 교육 프로젝트 개발 업무를 담당했다. 지역 정치인의 요청에 따라 프레이리와 그의 동료들은 안지초스Angicos에서 "대화식" 문맹퇴치 캠페인을 전개했다. 얼마 후 주앙 굴라르João Goulart 대통령의 인민당 정부가 프레이리에게 국가의 문맹퇴치 캠페인을 총괄해 달라고 요청했다. 그러나 이 계획은 1964년 군부 쿠데타에 의해 중단되었다. 쿠데타 주동자들이 프레이리를 추방했을 당시, 역설적이게도 그의 사상이 국제적인 주목을 받는 계기가 조성되었다. 칠레와 하버드대학교 교육대학에서 일정 기간을 보낸 후, 프레이리는 제네바에 있는 세계교회협의회WCC의 교육부서에 합류했다. 그곳에서 그는 라틴아메리카와 아프리카의 프로젝트에 적극적으로 참여했다.

15년의 망명 생활 후 군부독재가 물러나고 다시 민주화가 시작되었을 때, 프레이리는 사랑하는 조국 브라질로 돌아왔다. 그는 좌파의 제도권 정치 참여를 활성화하고 제도화하기 위해 새로 결성된 노동당에 가입했다. 프레이리는 이 시기에 활발하게 저술하고 가르쳤다. 이론과 실천을 결합하겠다는 특유의 결심으로 그는 1988년부터 1991년까지 상파울루의 교육부 장관으로 복무하며 굉장히 어려운 과업을 맡았다. 1997년 사망할 당시 프레이리는 30년 이상에 걸쳐 20권이 넘는 책을 집필하거나 공동 저술했으며, 그 내용은 교육자들이 학교교육의 목적과 가능성에 대해 생각하는 방식을 크게 바꾸어 놓았다.

프레이리의 핵심 개념

프레이리의 개인적인 경험은 그의 개념들을 형성하고 발전시키는 데 깊숙이 작용했다. 이 장에서는 프레이리의 핵심 개념을 부분적으로나마 개관해 보겠다. 여기에는 정치적 행동으로서의 교육, 은행저금식 교육 대 문제제기식 교육, 대화와 비판의식, 민주적인 교사-학생 관계, 지식의 공동 구축 등이 포함되는데, 모두 평화교육에서 활용되어 온 기초적인 개념들이다.

정치적 행동으로서의 교육

평화교육에 대한 프레이리의 주요한 공헌은 교육이 불가피하게도 정치의 한 형태라는 통찰이다. 그는 학교교육이 결코 중립적이지 않다고 단언했다. 학교교육은 항상 일부의 이익에 기여하고 다른 사람들의 이익은 저해하기 때문이다. 프레이리 이론의 매력은 학교교육이 억압을 위해 사용되어 온 것처럼 해방을 위해서도 사용될 수 있다는 주장에 있다. 그는 해방교육liberatory education을 통해 사람들이 억압적인 사회 시스템을 이해하고 그러한 상황을 변화시키기 위해 행동할 태세를 갖추게 된다고 설명했다. 따라서 교육자들은 자신의 노동을 정치적인 일로 재개념화하고 "누구를 위해, 누구를 대표하여 일하고 있는지 자문해야 한다."Freire, 1985, p. 80

『페다고지Pedagogy of the Oppressed』1970/1990에서 프레이리는 이후에 진보교육 사상의 근간이 된 급진적인 개념들을 소개했다. 그가 "은행저금식"이라고 부른 교육과 "문제제기식" 교육의 차이가 바로 그것이다.

> (은행저금식 교육은) 현실을 신비화함으로써, 인간이 세상에 존재하는 방식을 설명하는 어떤 사실들을 감추려고 시도한다. … 은행저금식 교육은 대화에 반대한다. 문제제기식 교육에서 대화는 현실을 폭로하는 인지행동에 필수적인 것으로 간주된다. 은행저금식 교육은 학생을 도와줄 대상으로 취급한다. 문제제기식 교육은 그들을 비판적 사고의 주체로 만든다. … 문제제기식 교육은 창의성을 기반으로 하고 현실에 대한 진정한 성찰과 행동을 자극하여, 탐구와 창조적 변혁에 참여할 때 비로소 참된 존재가 되는 인간의 소명에 부응한다고 본다.p. 71

은행저금식 교육은 교사가 수동적인 지원 대상인 학생의 머리 안에 자신의 지식을 예치하는 지배 관계이며, 학생들이 침묵의 문화culture of silence에 몰입된 상태를 유지하게 하고 그들을 대상화하여 역사와 행위 주체성에서 소외시킨다. 프레이리는 은행저금식 교육에 반대되는 문제제기식 교육을 제안한다. 이것은 학생들에게 그들의 세상에 대해 생각하고 행동하는 데 적극적으로 임하라고 촉구한다. 문제제기식 교육은 대화와 비판의식, 민주적인 교사-학생 관계, 상호작용을 통한 지식의 공동 창조, 학생의 관심과 경험에 기초한 교육과정에 달려 있다.

대화와 비판의식

프레이리Freire, 1970/1990에게 대화는 문제제기식 교육의 핵심 요소이다. 그는 대화란 "세계를 명명하기 위한(즉, 변화시키기 위한), 세상에 의해 매개된 사람들 사이의 만남(원문대로)"p. 76이라고 했다. 『페다고지』에서 프레이리는 대화식 만남dialogical encounters을 통해 학생들이 사회적, 정치적, 경제적 모순에 대한 비판의식을 발전시켜 행동을 취할 수 있게 된다고 주장했다.p. 43 비판의식에 도달하려면, 누구에게 자원과 기회에 대한 접근이 허용되고 또 허용되지 않는지 그리고 어떻게 접근이 허용되거나 거부되는지를 쌍방향 대화를 통해 분석해야 한다. 비판의식은 근본적으로 현상status quo을 기정사실로 받아들이기보다는 그에 대해 의문을 제기하는 것을 필요로 한다. 초기에 프레이리는 비판의식이 어떻게든 반드시 사회적 행동으로 이어질 것이라고 시사했지만, 후기에는 그 주장을 수정했다. 그래도 문제제기식 교육의 목표가 "세상의 변혁을 위하여 세상에 대해 성찰하고 행동하는"p. 33 의식화된 실천praxis임은 달라지지 않는다.

민주적인 교사-학생 관계

프레이리Freire, 1970/1990에 따르면, 문제제기식 교육은 평등주의적이고 존중하는 관계 내에서만 이루어질 수 있다.

세계를 명명하고자 하는 사람과 명명된 대로 불리는 것을 원하지 않는 사람 사이에서 대화는 이루어질 수 없다. 즉, 타자가 그들만의 언어로 말할 수 있는 그 권리를 부정하는 사람과 말할 수 있는 권리를 부정당한 사람 사이에서 대화가 발생할 수 없는 것이다. 자신의 언어로 말할 수 있는 원초적 권리를 부정당한 이들은 우선 이러한 비인간적인 공격이 계속되는 것에 문제를 제기하고 막아 내야 한다.pp. 76-77

문제제기식 교육은 교사와 학생이 서로 존중하는 혁명적 관계에 의지한다. 민주적인 교육자들은 전통적인 교사-학생 위계질서를 평등주의적 상호작용으로 대체하려고 한다. 『페다고지』에서 프레이리Freire, 1970/1990는 문제제기식 교육을 다음과 같이 설명한다. "그러나 세상과 사람에 대한 깊은 사랑이 없으면 성립할 수 없다. … 사랑, 겸손, 믿음에 기반을 둔 대화는 대화자들 간의 상호 신뢰가 당연히 수반되는 수평적 관계가 된다."pp. 77-78 더 나아가 프레이리Freire, 1970/1990는 문제제기식 교육이 교사-학생 관계에 혁명을 일으킨다고 말했다.

대화를 통해, 학생의 교사와 교사의 학생은 이제 존재하지 않고 새로운 용어가 등장한다. 교사-학생과 학생-교사… 교사는 그저 가르치기만 하는 사람이 아니라, 학생들과 대화하는 가운데 스스로 배우는 사람, 교대로 가르침을 받으면서 가르치기도 하는 사람이다.p. 67

프레이리(Freire, 1994)가 주장한 "수평적" 관계는 민주적인 교실에서의 교사 역할에 대한 엄청난 논쟁을 불러일으켰다. 그는 후기 저술에서 지향성 및 교사-학생 관계에 대한 그의 생각을 정교하게 다듬었다. 『희망의 페다고지Pedagogy of Hope』에서 "교사와 학생 간의 대화가 그들을 직업적으로 같은 위치에 두지는 않지만, 그들 간의 민주적인 관계를 나타낸다"pp. 116-117라고 설명했다. 1980년대와 1990년대의 "말하는" 책에서 프레이리1985는 권위가 있는 교사와 권위주의적인 교사를 구별했다.

> 나는 교육자가 학생과 똑같다고 말한 적이 없다. 그와는 정반대로, 나는 그들이 평등하다고 말하는 사람은 선동적이고 기만적이라고 항상 말해 왔다. 교육자는 학생과 다르다. 그러나 혁명의 관점에서 이 다름이 적대적이어서는 안 된다. 학생의 자유와 달리, 교육자의 권위가 권위주의로 변모할 때 그 다름은 적대적으로 된다. 이것이 내가 혁명적인 교육자에게 요구하는 바이다. 내가 보기에, 혁명의 이름으로 교육자가 그 방법을 장악하고, 실재하는 이 다름을 이용하여 권위주의적인 방식으로 학생들에게 지시하는 것은 완전히 모순된 일이다. 나의 입장이 이러므로, 내가 비지시적인nondirective 입장을 옹호한다고 말한다면 나는 놀라지 않을 수 없다. 교육을 부르주아가 하든 노동계급이 하든 교육의 과정이 언제나 지시적이라는 실상을 어떻게 옹호할 수가 있나?p. 76

지식의 공동 구성

프레이리Freire, 1970/1990에 따르면, 새로운 지식은 학생의 지식과 교사의 지식이 상호작용하여 교실에서 만들어진다. "지식은 발견과 재발견을 통

해서, 쉼 없이 희구하며, 끈질기고, 희망차게, 탐구하는 사람들이 (원문
대로) 세상에서, 세상과 더불어 그리고 서로 함께 추구하는 것을 통해서
만 생겨난다."p. 58

프레이리Freire, 1970/1990는 학생들의 "현실"에 기초한 교수법, 교육과정
및 학습을 일관되게 옹호했다. 『페다고지』에서 "교육 프로그램 내용이나
정치 행동을 조직하는 출발점은 민중의 열망을 반영하는 실존적이고 구
체적인 현재 상황이어야 한다"p. 85라고 주장했다. 이러한 생각이 비판적
교수법과 평화교육의 핵심 원칙이 되었고, 여러 면에서 진보적 교육 전
반의 핵심 원칙이 되었다. 그 원칙은 바로 교육은 상황과 밀접히 관련되
어야 하고, 학생의 경험과 관심에 근거해야 한다는 것이다.

기본적으로 프레이리는 교사가 학생의 지식을 존중하고 학생의 지식
에서부터 시작해야 하며 자기 지식의 한계에 대해 겸손해야 한다고 주장
했다. 그는 엘리트주의의 이중 위험, 즉 대중의 지식이 저급하거나 지나
치게 단순화한 것이며 특별한 것이 없다고 배척하는 위험과 대중의 지
식을 "찬미하거나 신비화하는" 위험에 대해 경고했다.Schugurensky, 1998, p. 24

『희망의 페다고지』1994에서 프레이리는 대중의 지식이 그 자체로 충분
함을 주장하는 것은 원하지 않는다고 말했다. 그는 "'상식'을 축으로 무
한 반복하는 데 만족하는 교육 관행을 옹호하는 것은 용납할 수 없다"
라고 했다.p. 58 대중의 지식에 초점을 두는 것이 세계적 구조에 대한 학
생들의 이해를 제약할 것이라는 비난에 대해, 그는 "결코… 이 프로그램
들이… 전적으로 현지 현실에 국한되어야 한다고 말한 바 없다"라고 주
장했다.p. 86 대신에, 교육은 학생이 처한 지역적 지식에서 시작해야 하지
만 또 이를 넘어서야 한다고 강조한다.

교육자는 자신의 "여기"와 "지금"이 거의 언제나 피교육자들에게는 "거기"와 "그때"임을 알 필요가 있다. 설사 교육자의 꿈이 오직 자신의 '여기-지금'을 피교육자들이 갖게 하는 것만이 아닐지라도, 또는 피교육자들이 그들의 '여기'를 넘어서서 이런 꿈이 실현되는 것을 알고 흐뭇해하는 것일지라도, 교육자들은 자신의 "여기"가 아니라 피교육자의 "여기"에서 시작해야 한다. 적어도 교육자는 피교육자의 "여기"가 실재한다는 것을 염두에 두고 이를 존중해야 한다. 이런 식으로 설명할 수 있다. 거기서부터 출발해서는 결코 거기에 도달할 수 없으며, 어디든 여기에서 출발해야 거기에 도달한다. 이는, 궁극적으로, 피교육자가 학교로 가져오는 '살아 있는 경험에서 나온 지식'은 무엇이든 알아야 하고, 과소평가하거나 배척하지 말아야 함을 의미한다.[p. 58]

같은 책 뒷부분에 아래와 같은 보충 설명이 있다.

우리는 그것을 "아무짝에도 쓸모없는 것"으로 일축하지 말아야 한다. 피교육자가… 세상을 이해하는 방식으로 가져오는 것을… 진보교육과 함께, 살아 있는 경험에서 나온 지식에 대한 존중이 그것을 생성한 배경인 더 큰 지평, 즉 문화적 맥락의 지평에 등장하게 된다. 이는 그 계급의 독특한 요소들과 동떨어져서는 이해되지 않는다.[p. 85]

프레이리[Freire, 1998]는 모든 학습을 학생들의 경험적 지식에서부터 시작할 것과 "그것들의 내용에 관하여 이런 종류의 지식에 담긴 논리"를 이해하기 위해 학생들과의 공동 작업으로 학습을 진행할 것을 권고했다.
_{p. 36}

프레이리의 철학은 평화교육의 교수법 및 실천에 전면적인 영향을 미치고 있다. 그의 복잡한 의식화 개념이 교육과 사회변혁을 연결하려는 평화교육의 희망에 토대를 제공한다. 대화에 관한 그의 소신과 평등주의적인 교사-학생 관계에 대한 그의 논의는 평화교육 교수법의 기반을 제공한다. 10여 년 전 그의 죽음에도 불구하고, 프레이리의 사상은 교육 현장 전체에 계속 울려 퍼지고 있다.

참고문헌

Freire, P. (1985). *The politics of education: Culture, power, and liberation* (D. Macedo, Trans.). South Hadley, MA: Bergin & Garvey.

Freire, P. (1990). *Pedagogy of the oppressed.* New York: Continuum Press. (Original work published 1970)

Freire, P. (1994). *Pedagogy of hope: Reliving pedagogy of the oppressed.* New York: Continuum.

Freire, P. (1998). *Pedagogy of freedom: Ethics, democracy, and civic courage.* Lanham, PA: Rowman & Littlefield.

Schugurensky, D. (1998). The legacy of Paulo Freire: A critical review of his contributions. *Convergence, 31*(1/2), 17-29.

2부

평화교육의
기본 관점

1부에서 평화교육의 역사와 그 영향을 살펴보았다. 2부에서는 평화교육을 태동시킨 관점을 조금이나마 이해하기 위해 해당 분야인 평화교육과 평화연구에 초점을 맞추었다. 여기 실린 글들은 지역적 현실, 세계적 문제 및 구조 간의 상호작용을 검토한다. 유엔은 국민국가들의 만남의 장으로 설립되었지만, 갈수록 세계의 시민사회들이 평화와 인권에 대한 공감대를 형성하는 장이 되고 있다. 여기서는 평화교육 실천의 기틀을 잡아준 기관과 더불어 평화교육 연구의 형식, 내용, 윤리적 지향 및 조직 구조를 형성하는 학자들의 관점을 탐구한다.

숙고해야 할 질문

• 평화교육을 이끄는 핵심 원칙은 무엇인가? 이러한 원칙을 반영하기 위해 교육의 형식과 내용이 어떻게 상호작용하는가?

• 미시 수준과 거시 수준이 교차하며 서로 영향을 미치는 방식은 무엇인가? 구조(거시 수준)와 행위주체성(미시 수준) 간의 사회학적 구별을 고려하면서, 더 큰 평화를 향한 사회변화가 지역, 국가, 국제 수준에서 어떻게 일어날 수 있는가를 고찰한다.

• "구조적" 폭력과 "직접적" 폭력이라는 용어는 인간의 자유에 대한 여러 유형의 제약을 나타낸다. 이런 형태의 폭력 사례에 대해, 그리고 평화교육이 형식 및 비형식 환경에서 이 문제들을 어떻게 다룰지 숙고한다.

6장
평화교육의 형식과 내용

요한 갈퉁(Johan Galtung)

서론

1950년대 말 평화연구가 시작되었을 당시, 평화연구는 대부분의 대학에서 환영받지 못했다. 오히려, 교육기관과 전혀 관련 없는 연구기관에서 평화연구를 받아들였다. 오늘날에도 연구와 행동에 대한 운동에는 강하게 영향을 미쳤지만, 교육에는 그렇지 못한 흐름이 지속되고 있다. 그렇다 보니 학교나 대학에서 평화교육의 결과들을 찾아보기 어렵다. 요컨대, 지난 수십 년 동안 평화연구나 평화운동은 괄목할 만큼 성장하였다. 하지만 평화교육은 저명한 학자들이 활동했음에도 불구하고 평화연구나 평화운동만큼의 성장은 보이지 못한 듯하다.

그 이유 중 하나는 대부분의 나라에서 모든 수준의 교육에 영향을 미치는 교육제도이다. 이때 교육제도하에서 가르치는 내용은 주로 과거를 반영한다. 이는 국가 이데올로기와 상류계급의 사고방식이 미래에도 지속되게 하기 위한 것으로, 교육을 통해 과거를 반영한 내용이 현재에도 그대로 수용되어 이어진다. 그렇지만 평화연구나 평화운동의 본질은 이러한 관점과는 뚜렷한 차이가 있다. 이로 인해 더 많은 평화연구 및 평화운동 단체가 그들의 활동에 평화교육 프로그램을 추가할 것이라고 기대할 수 있지만, 대개 그렇게 되지는 않았다. 이는 대체로 자금 부족, 인력 부족, 연구와 운동에 대한 과도한 우려 때문이다. 이렇듯 학교의 평화교육과 일반 대중을 위한 평화교육은 무척 뒤떨어져 있다.

이제 이 슬픈 전통을 깨고 평화교육을 진지하게 받아들일 때가 되었다. 이것은 평화연구, 평화운동 및 평화교육이 하나의 완전체로 자연스럽게 통합되어 가는 큰 변화의 한 부분이 될 것이다. 이 영역들을 분리해 놓는 것은 어떤 현실적인 필요성보다 사회에서 나타나는 노동의 분업 경향을 반영하는 것이다. 사실, 이 세 분야가 더 직접적으로 연결되기는 무척 어렵다.[1]

예컨대, 평화연구에서는 역사를 매우 중요하게 다룬다. 노예제도가 어떻게 폐지되었는지, 어떻게 사회주의 정책이 대중의 물질적인 상황과 조건을 개선했는지, 어떻게 반식민지 운동이 출현하고 어느 정도 성공했는지, 여성해방 운동과 페미니스트 운동이 어떻게 많은 여성의 삶을 개선했는지, 구조적 폭력 전반에 항거하는 움직임은 어떻게 가능한 것인지 등을 이해하는 것이다.[2] 이것들은 모두 분명한 평화교육의 주제이기도 하다.

평화교육 내에 연구 프로그램이 있을 수 있다. 평화의 이미지들뿐 아니라, 평화운동이 있을 때 또는 없을 때 왜 그 이미지들이 변하고 또 어떻게 변하는지도 연구할 수 있다. 특히 그간의 방법과는 다른 의사소통에 관한 연구와 의사소통 자체임은 물론이고 사회 변화의 수단으로 기

---

1. 이러한 접근법에 대한 이론은 갈퉁(Galtung, 1977) 참조.
2. 이러한 사회들에 대한 논의는 갈퉁(Galtung, 1970a) 참조.

능할 수 있는 높은 수준의 순수 교육이라고 볼 수도 있는 새로운 형태의 평화교육에 관한 연구가 중요하다.

다른 연결고리도 있다. 평화연구와 평화교육이 가치가 있다면 궁극적으로 평화운동으로 이어질 것이며, 어떤 평화운동도 그에 관한 연구 및 교육상의 파생 효과와 편익이 있을 것이다. 이때 우리의 분업 방식 때문에 평화연구자나 활동가들이 알지 못한다 하더라도, 외부 기관들은 평화교육의 필요성과 내용을 형성하는 데 더 영향력 있는 역할을 해야 한다.

오늘날 세계 각지에서 평화연구와 평화교육에 관한 논의가 이루어지고 있다. 그 동향은 다음과 같다. (1) 몇몇 대학교에서는 평화교육 강좌나 담당 교수직이 생기고 있다. (2) 모든 수준의 교육에서 평화 교육과정에 대한 요구가 있다. 그러나 요구하는 사람들이 그들의 요구사항에 대해 모호한 개념만을 가지고 있는데, 이는 결코 그들의 잘못이 아니다.[Galtung, 1972] 이러한 과정에 적극적으로 참여할 수 있는 정보와 자료를 충분하게 제공하지 못한 것은 평화교육자이자 평화연구자인 우리의 잘못이다. 그렇지만 늦지 않았다. 아직 시작에 불과하다. 이 장은 이러한 과정에의 적극적인 참여를 촉진하기 위해 작성되었다.

평화교육의 형식

내용이 아니라 형식에서 논의를 시작하는 것이 이상하게 보일 수도 있지만, 이유는 단순하다. 내용에도 반영되어야 할 어떤 새로운 가능성을 형식이 열 수 있기 때문이다. 나는 여기서 평화교육을 어떻게든 시작하려고 하는 모든 사람에게 다양한 기회가 주어진다는 것을 보여 주고 싶다. 현재 우리는 언제든 확장할 여지가 있음에도, 가용한 모든 선택지를 효과적으로 활용하지 못하는 실정이다. 대학교 강의, 팸플릿과 서적, 세미나와 학회, 신문과 잡지 기고문 등은 가능한 의사소통 수단 중 일부일 뿐이다.[3]

첫째, 평화교육의 형식은 평화의 개념과 양립할 수 있어야 한다. 즉, 직접적 폭력뿐 아니라 구조적 폭력도 제외해야 한다. 이 점이 중요한 이유는 초중등학교와 대학교가 여전히 중요한 교육 수단이고, 또한 구조 안에 메시지가 있기 때문이다.

오늘날 교육이 직접적 폭력으로 꾸려지는 경우는 거의 없다. 식민주의와 체벌의 시대는 어느 정도 지나갔다. 그러나 구조적 폭력은 여전히 남아 있으며 일상적인 형태를 띤다. 일방적 의사소통에서 드러나는 매우 수직적인 분업, 수직적 흐름의 의사소통 방향을 바꾸어 수평적 상호작용을 할 수 없게 하는 개인들의 파편화, 교육 활동에서 다자주의의 부재 등 이 모든 것들이 바로 형식에 관련되며, 교육 내용까지 포함하면 교육의 구조적 폭력은 훨씬 더 분명해진다.

근본적으로, 평화교육은 이런 유형의 내재적 폭력을 없애기 위해 노력해야 한다. 모든 교육 형식은 그 구조에 관해서 평가되어야 하며 항상 다음과 같은 질문을 수반해야 한다. 피드백을 허용하는가? 사람들을 분리하기보다 공동의 노력에 참여하게 하는가? 보편적인 참여가 허용되는가? 그리고 교육의 전체 형식이 스스로 변화할 수 있는가? 요컨대, 교육 장소에서 그저 메시지만 전달하는 대신 학습자를 참여시키는 대화가 이루어지는가?

---

3. 비탈 라잔(Vithal Rajan, 1972)이 이 분야에서 탁월한 제안을 했다.

두 번째 기본적인 문제는 초등, 중등, 고등 수준으로 나뉘는 학교교육의 전통적인 체계와 평화교육과의 관계와 연관된다. 이와 관련된 가장 흔한 질문은 다음과 같다. 왜 평화교육을 이 세 단계의 교육과정에 통합하지 않는가? 그러나 이에 대한 대답이 생각보다 그렇게 명확하지 않을 수 있다. 왜냐하면 세 단계 모두에서 학교교육의 형식 자체가 평화교육에 효과적으로 대응할 수 있고, 따라서 학교교육이 평화교육에 안 좋은 영향을 미칠 것이라고 볼 수 있기 때문이다. 즉, 말하고자 하는 내용이 그것이 제시되는 형식에 상관없이 살아남을 것이라고 믿는 것은 순진한 생각이다. 사실, 형식이 내용보다 훨씬 더 중요한 것으로 드러날지 모른다.

각급 학교의 많은 학생이 학교에서 필수적으로 요구하는 독서보다는 여가 독서를 통해 더 깊은 통찰, 또 더 많은 재미와 기쁨을 얻는 경험을 한다. 일반적으로, 교육과정에 어떤 것이 추가되면 먼지처럼 가벼워지거나 다른 모든 것처럼 시시해진다.

게다가 많은 나라에서 학교 시스템이 교육과정에 대해 전권을 가진 교육부 산하로 중앙집권화되어 있고, 새로운 생각을 반영하거나 젊은 세대의 요구를 신속하게 통합할 수 없는 관료 또는 위원회에 의해 통제된다. 위원회 구성원의 평균 연령은 대체로 매우 높으며, 스스로 공부해서 자기 변화를 이루어 낼 역량이 너무 부족하다. 최악의 경우, 교사들 자신의 어린 시절에 경험했던 지배적 사고방식을 반영한다. 빠르게 변화하는 사회에서, 특히 개발, 분쟁 및 평화에 대한 개념이 매우 빨리 변화하는 사회에서 이것은 용인되지 않는다. 혁신적인 어떤 것이 그러한 시스템을 어렵사리 극복할 수도 있겠지만, 그 형식이 건드려지지 않으면, 원래 내용조차 거의 남지 않을 정도로 밋밋해질 위험을 무릅써야 한다.

더욱이 고도로 분권화된 나라에서도 다른 곳보다 앞서가고 새로운 것을 실험할 준비가 더 잘되어 있는 지역 행정 단위(주, 도), 광역시, 시, 학군 등의 지자체는 언제나 있으며, 더 보수적인 곳도 있을 것이다. 하지만 혁신이 한 학교나 한 학급에서만 실행되더라도, 시범 효과 때문에 더 넓은 범위에서 그 가치가 커질 수 있다.

또 다른 어려움은 바로 시험이다. 왜냐하면 시험은 사람들을 몇몇 범주로 나누고 심지어 계급으로 분류하는 사회의 관행과 학교교육 사이의 밀접한 연관성을 가장 잘 드러내기 때문이다. 이렇듯 교육을 분류 장치로 사용하는 것은 평화교육자에게 문제가 된다. 평화의 개념 자체가 모든 형태의 수직적 사회관계 및 위계질서와 상반되기 때문이다. 그래서 평화교육은 더 높은 의식 수준, 사회 현실에 대한 인식, 학습 공동체에서의 연대를 개인적으로나 집합적으로 달성하는 방편으로 보아야 하며, 사회 분류 기제로 보아서는 안 된다. 평화교육과 관련하여 어떤 종류의 시험도 있어서는 안 되며, 평화전문가라는 새로운 계층이 생기는 근거가 있어서도 안 된다. 다시 말해, 분류하기 위한 여러 장치들은 사관학교와 경영대학원에 존재할 수는 있겠지만 평화에 대한 통찰을 널리 알리는 기관에는 어울리지 않는다.[4]

평화교육의 내용

가능한 형태의 방법을 마음껏 사용할 수 있다면, 평화교육을 통해서

---

4. 여기서 가장 유망한 접근법은 해럴드 게츠코우Harold Guetzkow로부터 비롯된 유형의 International Games인 것 같다.

무슨 이야기를 나눌 수 있을까? 사실상 내용을 만들어 내는 견고한 방식은 평화연구, 평화교육 및 평화운동이 서로 협조해야만 가능하다.

내용에 접근하는 한 가지 방식은 평화연구 프로젝트의 5단계에서 도출한 것이다. 물론 이 단계들에 대해서는 의견이 분분하다. 5단계는 다음과 같다.

1. 분석
2. 목표 설정
3. 비판
4. 제안서 작성
5. 행동 Galtung, 1972

당면한 현실 세계에 대한 분석은 평화 문제와 관련된 기본적인 사실들을 설명하는 동시에 주요 동향을 짚어 낸다. 분석은 시간적 관점을 제시한다는 의미에서 동적이고, 전쟁 체제와 전쟁 준비 같은 주요 요인의 이미지를 제공한다는 의미에서는 정적이다. 그것은 또한 형평과 자유의 문제에 대해 언급하는데, 그것들은 모두 지배의 반의어이지만 그 영역과 이데올로기적 전통이 각기 다르다. 그러므로 여기서는, 하나 이상의 이론이 똑같은 자료에 적용될 수 있다는 점을 염두에 두면서, 관련 사실을 제시하고 이론적으로 설명할 것이다.

만약 이것이 평화연구의 전부라면, 평화연구는 오늘날 찾아볼 수 있는 다른 사회과학과 다르지 않을 것이며 평화교육은 물리교육이나 지리교육과 다르지 않을 것이다. 그래서 이 두 분야에 특별한 요소를 더하는 게 되는데, 그것이 바로 2번부터 뒤따르는 네 단계이다.

목표 설정은 평화교육에 없어서는 안 될 부분이다. 평화를 '우리가 보고 싶은 세상'으로 표현하는 것과 같이, 평화의 개념에는 구체적이고 분명한 것이 있어야 한다. 평화란 무언가의 부재라고 말하는 것만으로는 충분하지 않다. 훨씬 더 구체적인 이미지를 제공해야 한다. 보수적이든 진보적이든, 전통적인 경험주의 전통 안에서 생겨난 평화연구는 주로 이 부분에서 실패했다. 도리어, 분석은 목표 설정이 '유토피아적'이라고 거부하면서 목표 설정을 훼손하였다. 그럼에도 이런 종류의 이미지가 역사를 통틀어 사람들을 위대한 행동으로 이끌어 왔다. 서론에서 언급한 유형의 운동들도 여기에 포함된다.[5]

이런 맥락에서 평화연구와 평화교육의 목표는 여러 형태의 유토피아 중 하나인가 혹은 실행 가능한 유토피아인가라는 질문이 제기된다. 예를 들어 직접적 폭력의 부재, 사회적 상호작용에서의 형평성, 상당한 수준의 자기표현 또는 자아실현을 위한 자유가 주어질 수 있는가? 아니면 어떤 사람들이 주장하듯이 이 세 개의 가치 중에서 둘만 가질 수 있고 무엇을 가질지 선택해야 한다거나, 심지어 비판론자들이 주장하듯이 하나만 가질 수 있거나 아예 아무것도 갖지 못하는가? 이런 유형의 토론은 모든 수준의 어떤 교육과정에서도 찾아보기 어렵다. 왜냐하면 이러한 토론은 더 나은 미래를 추구하며 결합할 수 없는 것들을 결합해 보는 개인과 집단의 인간적 상상을 하지 못하게 할 수 있기 때문이다.

세 번째는 비판이다. 어떤 유형이든 비판이 관심을 끌려면 자료와 가치가 모두 있어야 하며, 이들은 첫 번째와 두 번째 단계에서 각각 구할

---

5. 그러나 비엔나의 유럽사회과학센터가 1976년에 발간한 『2000년 올해의 세계 이미지』라는 책에 따르면, 정치 분야에서 특히 미래 지향적 생각의 수준이 낮은 것으로 나타났다고 한다. 이 결과는 10개국(8개국이 유럽)에서 진행한 9,000건의 인터뷰에 근거한 것으로, 인터뷰는 200여 개의 질문으로 구성되어 있다.

수 있다. 가치는 우리 세상에 던져진 그물처럼 되어서 고도로 가치 지향적인 언어로 정말 구체적인 결론을 끌어낼 수 있다. 왜냐하면 "좋음"과 "나쁨" 같은 용어를, 또는 그보다 훨씬 더 명확한 언어를 외면할 수 있는 사람은 없기 때문이다.

이 세 번째 단계는 분석을 넘어서, 경험적 분석의 정적인 면에 기초한 진단 그리고 동적인 면에 기초한 예측으로 나아간다. 과거, 현재, 미래 어디를 가리키든 같은 차원을 같은 이름으로 부르려고 노력해야 한다. 이 단계 이후 우리는 선호하는 세계와 현실 세계를 정의하는 데 사용할 수 있는 여러 차원을 포함하여, 세 가지 다른 세계에 대한 비판적 이미지로 마무리할 것이다.[6] 자료를 사용하면 현실 세계를 수용할 수 있고, 가치를 사용하면 선호하는 세계, 즉 유토피아를 수용할 수 있다. 물론 한층 더 비판받는 세계인 디스토피아도 있을 수 있다. 현실 세계에서 유토피아로 나아가는 투쟁을 더 잘 이해하려면, 무엇이 현실 세계가 더 나빠지거나 심지어 디스토피아로 빠져드는 것을 방지하는지 알아야 한다.

넷째, 제안서 작성은 현실 세계에서 선호하는 세계까지 나아가는 방법을 다룬다. 이행 경로를 찾는 것은 무엇을 해야 하는지, 누가 해야 하는지, 언제, 어디서, 어떻게, 왜 해야 하는지에 대해 제안하는 문제이다. 제안서 작성은 모든 평화교육 프로그램의 기본 요소로 간주해야 한다. 사실 이것보다 보편적인 참여에 이상적인 요소는 없을 것이다. 성공적인 평화교육 프로그램은 참가자들이 선호하는 세계와 현실 세계 사이의 긴장을 실감하게 할 것이며, 거부된 세계에서 어렴풋이 나타나는 위험을

---

6. 이것이 사회지표social indicator 운동의 기본적인 개념이다: 가치를 통상의 기술적 분석 descriptive analysis에도 사용할 수 있는 차원으로서 제시하기.

참가자들이 강렬하게 느끼게 함으로써 그들에게 제안서 작성이 필수적인 일이 되게 한다.[7]

이제 다섯 번째 단계인 평화 행동으로 이어진다. 이미 논문과 책, 종이와 연필을 이용한 연습, 심지어 토론 안에 머물러 있을 수 없다고 해서 갑자기 과정을 단축할 수는 없지만, 필연적으로 훨씬 더 구체적인 것, 즉 행동으로 돌입하게 된다.

그렇다고 모든 평화교육 프로그램이 시위, 평화 유지 활동, 평화 구축 요소 등과 같은 행동 요소를 포함해야 함을 의미하는 것은 결코 아니다.[8] 하지만 우리는 평화교육의 새로운 형식과 형태를 모색하거나 실천 지향적 단체 참여와 같은 구체적인 행동에 대한 논의를 지지한다. 화학, 물리 그리고 생물 교과에서의 실험 실습이나 사회 교과에서 민간이나 사회단체를 방문하는 것과 같은 비언어적 요소들은 어느 교육 프로그램에서든 당연한 것으로 이해된다. 이는 평화교육에서도 마찬가지일 것이다.[9]

평화운동과 연관된 문제점들이 있긴 하지만, 시간이 흐르면서 우리는 교육의 이러한 측면을 훨씬 더 많이 경험하고 있다. 또한 이것이 바로 평화교육, 평화운동, 평화연구가 합쳐지는 지점이다. 한 예로, 특정 학교의 학생들이 자국 정부보다 앞서서 신생 독립국을 승인한다는 결정을 할 수도 있다. 확실히 알고 있는 평화 기준에 따라 수천 개 학교에서 똑같은 일을 한다면, 이것은 비정부 외교의 중요한 형태가 될 수도 있으며,

---

7. 발상은 매우 단순했다. 모든 참가자에게 4주간 평화 이론과 평화 실천에 관해 토론한 후 그들의 이상 세계와 그것을 달성하는 데 필요한 움직임의 이미지를 제출하라고 요청했다. 대부분 참가자에게 현실 세계에 대한 자신의 이미지와 그것을 비판하고 분석하는 방법을 제시하라고 요청했으므로, 지시된 방향에 미개척지가 있는 것이 전혀 이상하지 않다.
8. 이 제목으로 다루는 요소들을 결합한 구체적인 제안은 갈퉁(Galtung, 1970b) 참조.
9. 갈퉁(Galtung, 1972) 참조.

그에 따라서 광범위한 민주화 효과를 가져올 수 있다.[10]

이미 언급했듯이 구체적인 학교 상황에는 구조적 폭력의 사례가 많으며, 왕따bullying같이 평화 문제가 현실로 될 수 있는 많은 영역이 있다. 평화교육이 정치 시스템에 조금도 영향을 주지 않으면서 국가의 학교 시스템 내에 포함될 수 있다고 생각하는 것은 순진한 일이다.[11] 평화연구에 대한 전통적 가르침은 평화를 사랑하는 사람들-부처, 예수 그리스도, 아시시의 성 프란치스코, 마하트마 간디, 알베르트 슈바이처, 마틴 루서 킹 등-의 가르침이었다. 그들은 행동과 행위보다는 신념과 태도에 중점을 둔 대표적인 사람들이다. 이런 접근법은 구조보다는 행위자에 초점을 맞추는 경향이 있는데, 둘 다 포함한다고 내세우는 평화연구의 관점에서는 받아들일 수 없다.

모든 구조 분석은 학생들이 학교 상황에도 이 분석 기구를 사용하도록 이끌 것이다. 그럼으로써 그들은 분업(왜 우리는 학교 기구를 통해 가공될 원료로 취급되는가?), 참여(왜 우리는 학교 운영과 교육과정 개발에 관한 결정에 더 많이 참여하지 않는가?) 등에 대해 질문을 시작할 것이다. 즉, 학생들은 학교 교육과정의 내용에 대한 요구뿐 아니라(왜 우리는 우리나라의 군산복합체, 무기 수출을 배우지 않나요? 부자 나라와 가난한 나라의 진정한 관계에 대해서는?), 학교 구조 자체에 대한 요구도 할 수 있다. 학생들의 높은 의식 수준은 이 요구를 뒷받침하기 위한 동맹휴학과 수업 거부를 포함할 수 있다. 즉, 고등교육에서 이루어진 행동이 중등교육에서도 같은 효과를 낼 수 있는 것이다.

---

10. 여러 대학 대표자들의 협의회가 있는, 이반 수펙Ivan Supek이 이끄는 행동계획 참조.
11. 예를 들어, 노르웨이에서는 대학교수들에게 왕에 대한 충성 맹세가 요구된다.

결론

네 개의 연관된 중심 주제가 평화에 관한 강좌, 세미나, 토론회에서 자주 제기되는데, 각 주제를 간략히 설명하면 다음과 같다.

- 개발: 기본적 가치, 추세, 전반적인 세계정세를 제시하고 평화에 관한 논의를 적극적 평화, 형평 및 조화로 모아 가는 기회를 제공한다.[12]
- 갈등: 목표, 가치 및 이해관계가 충돌할 때 어떤 일이 발생하는지 토론하고 갈등 발생, 갈등 역학, 갈등 전환과 해결에 대해 논의할 기회를 제공한다.
- 평화: 직접적 폭력과 구조적 폭력에 맞서는 투쟁에서 갈등에의 창의적인 접근과 개발 문제를 어떻게 결합할 수 있는지 논의할 기회를 제공한다.
- 미래: 추세를 분석하고 행동 방안을 제시하면서, 이 모든 것들을 미래라는 화면에 투사하는 기회를 제공한다.

하지만 모두가 자신만의 고유한 형식과 방식을 개발해야 한다. 준수해야 할 표준이란 없는데, 그것이 자율성에 대한 평화교육의 생각 전체에 반하기 때문이다.[13]

마지막으로, 평화교육의 역할에 대해 한 가지 유의할 점은 평화운동

---

12. 개발의 개념이, 어쩌면 분쟁의 개념도, 평화의 개념보다 훨씬 더 빠르게 변화하고 있는 것처럼 보인다는 점을 지적해야 할 것 같다. 평화 부재의 근원을 더욱 깊이 파고들지 않는 많은 사람에게 평화는 여전히 힘의 균형 및 군축과 관련 있는 것으로 보인다.
13. 이 제안에 대한 자세한 내용은 갈퉁(Galtung, 1968) 참조.

의 기운을 꺾지 말아야 한다는 것이다. 평화교육이 평화운동에 필요하다는 데 반대할 수는 있지만, 그 관계는 그렇게 간단하지 않다. 평화교육이 어떤 훈련을 의미할 수 있겠지만, 그것은 마음에 작용하는 것이다. 그런데 우리 인간이 먼저 생각한 다음 신중하게 행동을 펼친다고 믿는 것은 지식인의 근본적인 편견이다. 때때로 우리는 먼저 행동하고 그것이 효과가 있다면 그에 대한 이론을 발전시킬 수도 있다. 효과가 없으면, 이에 대한 이론적 설명이 만들어진다.

그렇다고 아주 높은 수준의 평화 의식이 이런 상황을 바꾸지 못할 수 있다는 뜻은 아니다. 사실 우리는 그것이 무엇을 의미하고 어떤 종류의 세상일 것인지조차 모른다. 하지만 그것은 사람들이 쉽사리 조작되지 않는 세상일 것임이 틀림없으며, 평화교육은 바로 이러한 세상을 추구하는 일에 공헌할 것이다.

참고

이 장은 갈퉁[1975]의 『평화연구』 투고문[Vol. 1, pp. 317-333] 「평화: 연구, 교육, 운동」의 전면 개정판이다. 덴마크 코펜하겐, 크리스티앙 에일러스 Christian Ejlers(원저 1968년 출간).

Galtung, J. (1968). Training of peace specialists: A proposal. *International Peace Research Newsletter, 2*, 42-46.

Galtung, J. (1970a). Pluralism and the future of human society. *Challenges for the future: Proceedings from the Second International Futures Research Conference, Norway*, 271-308.

Galtung, J. (1970b). Towards a World Peace Academy: A proposal. *Essays in Peace Research, 1*(14), 291.

Galtung, J (1972, September). *Empiricism, criticism, constructivism: Three approaches to scientific activity.* Paper presented at the Third World Future Research Conference, Bucharest, Romania.

Galtung, I. (1977). Chemical structure and social structure: An essay on structuralism. In J. Galtung, M. Bunge, & M. Malitza (Eds.), *Mathematical approaches to international relations* (pp. 389-417). Bucharest, Romania: Romanian Academy of Social and Political Sciences.

Rajan, V. (1972). War and peace: Adult education in peace education. *Millennium Jouranal of International Studies, 1*(3), 50-66.

7장
평화교육의 개념적 관점

마그누스 하벨스루드(Magnus Haavelsrud)

서론

매우 다양한 이론, 정의, 실천이 평화교육에서 언급된다. "평화"와 "교육"은 모두 구체적이고 절대적인 의미가 없는 추상적 개념이기 때문에, 평화교육이 실제로 무엇인지에 대해 광범위한 합의를 구하는 것이 꽤 어려운 것은 놀라운 일이 아니다.

이 글에서는 개념적으로 일치되지 못하는 몇 가지 주요 관점에 대해 논의하고자 한다. 이를 위해, 교육 문제의 주요 요소인 교육 프로그램의 내용, 의사소통 방법 및 조직 구조에 관해 논의할 것이다. 실제로 이 세 요소에 관한 선택들이, 평화를 위한 교육을 포함한 모든 교육 프로그램의 실체를 규정하는 데 결정적인 것으로 드러난다.

일부 평화교육자들은 이 세 요소 중 한두 개만 중요하다고 판단하는 것 같다. 그래서 기존의 교수법이나 교육 활동 구조에 의문을 제기하지 않고 교육 내용을 변경하는 데만 국한된 평화교육 프로젝트들을 쉽게 찾아볼 수 있다.

어떤 평화교육자들은 평화교육의 이상을 실현하기 위해서는 교수-학습 상호작용의 형태만 바꾸면 된다고 주장한다. 반면에 다른 이들은 더 시스템 지향적인데, 교육의 상호작용을 규율하기 위해 조직 구조의 변화를 제안하기도 한다. 따라서 평화교육의 실체에 대한 의견 불일치는 세 요소 각각에 부여된 중요성, 그리고 각 요소 안에서 이루어진 암묵적인 또는 명시적인 선택들과 관련 있다고 주장한다.

내용

그렇다면 평화교육에서 배워야 할 내용은 무엇인가? 평화교육에 관한 문헌이나 이 주제에 관한 어느 곳에서도 절대적인 답을 찾을 수 없다. 평화교육 프로그램 개발의 초기 단계에서 유네스코는 「국제이해교육권고」[1974]에서 거시적 접근법을 사용할 것과 "인류의 가장 중요한 문제"[p. 3]를 선택할 것을 제안했다.

(a) 개인의 권리의 평등 그리고 개인의 자기결정권

(b) 평화 유지, 다양한 유형의 전쟁과 그 원인 및 결과, 군비 축소, 전쟁 목적을 위한 과학기술 사용은 용인하지 않고 평화와 진보를 목적으로 사용, 경제적·문화적·정치적 국제 관계의 본질과 영향 그리고 특히 평화 유지를 위해 이 관계들을 규율하는 국제법의 중요성

(c) 난민의 인권을 포함한 인권 행사 및 인권 준수를 보장하는 조치, 인종차별주의 근절, 다양한 형태의 차별에 대한 투쟁

(d) 경제 성장, 사회 발전 그리고 이것들과 사회정의의 관계, 식민주의

와 탈식민화, 개발도상국 지원 방식과 수단, 문맹 퇴치, 질병과 기근에 대항하는 캠페인, 더 나은 삶의 질과 달성 가능한 최고 수준의 건강을 위한 투쟁, 인구 증가와 관련 문제들

(e) 천연자원의 이용, 관리, 보존과 환경오염

(f) 인류의 문화유산 보존

(g) 이러한 문제들을 해결하기 위한 유엔 시스템의 역할과 행동 수단 그리고 그 행동을 강화하고 증진할 가능성[pp. 3-4]

평화교육 내용에 대한 이 제안은 전 세계를 대상으로 한다. 그리고 인류의 주요 문제는 명백히 거시적이다. 특정 상황이 미시-거시 스펙트럼 상의 다양한 수준에서 어떻게 발생하는지는 수준 간 인과관계에 관한 질문이 포함된 가장 어렵고 흥미로운 문제이다. 한 예로, 정부가 전쟁을 정당화하기 위해 선전한 '적' 이미지가 우리의 의식에 미친 영향은 무엇인가? 또 다른 예로, 2003년 2월 15일 이라크전쟁에 반대하는 평화 시위자들의 미시적 수준의 동원은 어떤 영향을 미쳤나? 이 시위는 하이드 파크에 런던과 근교 도시의 200만 명의 주민이 모였다는 미시적 현실에 묻혔음에도 불구하고, 거시적인 힘으로 발전하여 전 세계적으로 수많은 사람이 참여했다. 아침의 숨은 힘이 저녁 무렵에 모습을 드러내듯, 미시적 수준의 현상이 전 세계적 운동으로 변모한 것이다. 그 당시에는 전쟁을 막을 만큼 강하지 않았으나, 이런 사건들은 전쟁과 같은 국제적인 행위에 저항하는 지속적인 흐름에 다른 사람들을 동참시킨다.

미시-거시 차원과 관련한 평화교육 내용에 대한 제안들이 각기 다르게 나타나는 것은 분명하다. 예컨대 일부 평화교육자는 내용을 국제 문제와 전 지구적 문제로 정의하는 반면, 다른 일부는 일상생활 및 개인의

상황과 관련해 내용을 정의한다. 두 경우 모두, 처음에 미시와 거시로 분리하는 것이 일시적일 수도 있고 영구적일 수도 있다. 영구적이라면 분리가 인식론적 지위를 가지며, 일시적이라면 교육 경험을 시작할 때는 복잡한 문제를 단순화할 필요가 있다는 방법론적 믿음에 근거할 수 있다. 따라서 미시-거시 현상의 강한 분리의 지속 기간에 따라, 거시적 맥락에 비추어 미시적 상황을 이해하는 것과 그 반대가 목표일 수도 있고 아닐 수도 있다. 모든 경우에 이러한 분류의 강도와 영속성 정도가, 범주들을 분리하는 결정을 내린 사람을 대신하여, 힘 있는 메시지message of power를 전달한다.

"지금 여기"와 "그때 거기"의 통합이냐 비통합이냐가 내용을 선택하는 중요한 지점이 된다. 또한 미시적 현상과 거시적 현상의 인과관계에 대한 문제와 관련해서는, 이러한 선택이 총체성에 대한 이해에 영향을 미칠 수 있으므로 "지금 여기" 맥락에서 벗어날 것인지 혹은 "그때 거기" 맥락에서 벗어날 것인지 선택하는 것이 중요하다. "지금 여기"에서 시작하면 전 지구적 총체성을 설명하는 데 개별 상황들이 중요하다는 인상을 주는 반면, "그때 거기"에서 시작하는 것은 전 지구적 현실을 미시적 현상의 원인으로 보는 데 더 중점을 두는 것을 뜻할 수 있다.

공간적 차원

미시적 수준의 극단(개인)과 거시적 수준의 극단(세계) 사이에 있는 다리는 다양한 지지대로 활용할 수 있다. 그래서 평화교육 프로젝트에 적합한 내용에는 가족, 동년배, 이웃, 사회계급, 민족, 성별 또는 연령 집단, 마을 또는 지역공동체, 정당, 지방, 국가, 세계의 지역 등과 같은 "중간in-between" 수준의 행위자/당사자가 포함될 수 있다. 다리는 양쪽 끝의 상황이 상호 관련되는 것으로 보이는 양방향 통로로 건설될 수도 있고, 또는 양방향 인과관계에 대한 이해를 방해하는 일방통행로로 건설될 수도 있다.

빈곤은 해결해야 할 주요 문제로 여겨진다. 내용이 거시적 수준에 국한되면, 빈곤의 문제가 세계의 통계 및 추세에 관한 연구가 될 수 있다. 그러면 빈곤의 문제는 학습자의 현실과 상관없는 세계적 현상이 될 수 있다. 거시적 분석은 문제에 대한 거시적 해결책을 내놓는다. 반면에 빈곤 문제를 학습자들의 특정한 맥락에서도 볼 수 있다면, 학습자는 자신이 처한 현실에 비추어 문제를 분석할 수 있고 또한 문제 해결을 돕기 위해 그 상황에서의 행동을 제안할 수 있을 것이다. 이와 같은 미시적 수준과 거시적 수준 간의 인과관계를 포함하느냐 배제하느냐가 평화교육의 내용 구성에 결정적인 영향을 준다.

시간적 차원

공간적 차원에의 포함 또는 배제 문제와 별개로, 시간적 차원의 포함 또는 배제 문제가 있다. 문제와 그 해결책에 대한 성찰에는 그 발생 과정의 다양한 시점에서 문제를 이해하는 것이 포함된다. 따라서 다음 범주들을 망라해 평화교육의 내용을 확산시키는 것이 중요한 선택 사안이 된다.

1. 역사적 지식: 무엇이었나?
2. 진단 지식: 무엇인가?
3. 예측 지식: 무엇이 될 것인가?
4. 규범적 지식: 무엇이어야 하는가?

5. 전략과 전술에 대한 지식: 무엇인지에서 무엇이어야 하는지로 상황을 바꾸기 위해 무엇을 할 수 있는가?

행동

지금까지 성찰 측면에서 평화교육에 대해 논의했다. 평화교육의 내용에 관한 주요한 선택은 문제 해결을 위한 행동을 포함할 것인지 배제할 것인지와 관련이 있다. 행동이 포함된다면, 성찰 과정과 관련하여 그 시기도 중요하다. 즉, 이미 착수한 일부 행동을 기반으로 문제에 대한 성찰 과정을 발전시키는 것이 가능한가, 또는 평화교육 내용의 일부인 행동이 성찰과 학습 과정의 결과로서만 바람직하다고 여겨지는가?

형식

일부 평화교육 프로젝트에서는 보통 내용보다 교수 방법과 학습에 더 중점을 둔다. 이는 교육의 상호작용이 평화의 개념과 조화를 이루어야 한다는 원칙에 근거한다. 이는 교사와 학생이 교육적 과정에서 동등한 파트너가 되어야 함을 의미할 수 있다. 교사는 교사와 학생 양쪽 모두의 관심을 끄는 문제에 대해 학생들과 대화를 나눌 것이다. 교사가 반드시 문제에 관해 모든 것을 아는 전문가일 필요는 없다. 교사를 포함한 어떤 사람도 사회문제 해결에 관한 모든 지식을 가지고 있다고 기대할 수 없기 때문이다. 오직 역사적 지식과 진단 지식만을 재생산할 수 있다. 다른 범주의 지식은 교육 상황의 모든 참여자가 생산해야 한다. 특정한 견해의 선전 및/또는 주입을 피하려면, 교사가 지식의 재생산 및 생산을 전담해서는 안 된다.

　이는 사회적, 정치적, 경제적, 문화적 문제의 해결에 관한 일부 지식은, 문제의 결과로 고통받고 문제 해결이 순전히 학문적 관심사가 아니라 정서적이고 실제적인 관심사이기도 한 사람들의 적극적인 참여를 통해서만 얻어질 수 있음을 의미한다. 그래서 이런 의미의 문제 해결에는 교육의 장에서 생산될 지식뿐만 아니라 과학에서 이미 생산된 객관적 현실에 관한 지식도 수반된다. 후자는 전술적 지식, 전략적 지식뿐 아니라 미래에 대한 지식(무엇이 될 것인가? 또는 되어야 하나?)에도 가장 자주 적용될 것이라 예상된다. 이 세 가지는 행동에 대한 자각과 더불어 역사적 및 현재 상황에 관한 "학문적" 지식보다는 주관적인 관점에 더 의존하는 것으로 보일 수 있다. 평화교육 형식은 미리 정해진 "오래된" 지식의 재생산과 "새로운" 지식의 생산 부족을 초래하는 반反대화적 방법과 상반된다. 내용 개발에 대한 학습자의 참여(행동 자체 포함)를 거부할 경우, 결국에는 일종의 문화적 폭력이 될지도 모른다. 그것은 자율성과 창의성이 보상받지 못함(또는 직간접적으로 처벌받음)을 의미한다. 이는 학습자가 문제 해결에 다시 참여할 가능성이 없는 수동적인 학습자가 되는 결과로 이어질 수도 있다.

　이와 같은 상황에서 도입된 평화교육 프로젝트는 교육 형식의 변화에 특별히 중점을 둔다. 중요한 목표는 형식과 내용 모두에 대한 의사결정에 학생들의 참여를 장려하는 것이다. 이런 의미에서 평화를 위한 교육은 내용보다는 방법이나 형식의 문제에 가깝다. 즉, 참여자가 참여하는 문제 해결에 초점을 맞춘다. 어떤 문제가 선택되는지는 참여자 자신의 주관적 관점에 크게 좌우되며, 이는 평화교육의 내용이 집단의 사회적, 정치적, 경제적, 문화적 상황에 따라 크게 달라짐을 의미한다.

조직 구조

대부분 국가의 형식 교육 시스템은 다음과 같은 특징을 지닌다. 지식을 특정한 과목들로 세분하고, 과목별로 특정한 능력을 갖춘 교사가 있다. 그리고 학생들을 학급 단위로 편성하며, 수업시간과 쉬는 시간으로 구분한다. 이러한 기본적인 특징들(다른 것도 추가 가능)은 교육과정 안에 평화교육을 도입하려는 계획에서만 고려되는 중요한 구조적 요소이다. 따라서 특정 과목의 내용을 평화라는 주제를 더 다루는 방식으로 바꾸는 것이 가능하다. 그러나 이러한 내용의 변경은 교수 방법, 지식의 과목별 세분, 수업시간과 쉬는 시간의 분할 같은 다른 요소에는 어떠한 의미도 없을 수 있다.

그런데 만약 교육의 형식이 문제로 여겨지고 지식을 과목별로 세분하는 방식 또한 문제가 된다면, 평화교육자는 구조적인 성격의 다른 문제와 마주치게 된다. 즉, 평화교육 프로젝트가 도입되는 어떤 구조의 기본적인 특징과 모순될 수 있는 것이다. 예컨대 평화교육 프로젝트가 문제 지향 및 참여적 의사결정의 원칙에 기초하면, 과목, 학급 및 학기의 구분을 엄격히 실행하는 학교 시스템에 아무런 문제 없이 도입될 수는 없다.

학생 30명, 과목당 수업시간 45분으로 엄격히 구조화된 교실 상황에서 교사 한 명이 실행하는 규정된 수업계획을 통해 문제 지향적이고 참여적인 교육을 실현하기란 극히 어려울 것이다. 이 세 요소(과목, 학급, 시간)에 의해 부과된 경직성 외에도 평화교육 프로젝트의 가장 큰 장벽은 교육 시스템에 정해진 규칙인 학생 평가일 것이다. 이를 통해서 학생들은 학업성취도에 따라 몇 가지 범주로 분류된다(여기서 학교의 분류 기능과 사회적 불평등 재생산에서의 학교 역할에 대해 논의하려는 것은 아니다).

조직 구조에 관한 이 논의를 통해, 평화교육 프로젝트가 학교교육 시스템 구조와 조화를 이룰 수도 있고 부조화할 수도 있음이 분명해졌을 것이다. 따라서 평화교육을 도입하기 전에 구조 자체를 변경해야 할 정도로 수많은 부조화가 존재할 가능성이 있다. 그렇다면 조직 구조가 형식과 내용의 변화를 통해 변화될 수 있는지, 아니면 이것이 문제 지향 및 대화에 상극인 구조를 교육에 만들어 낸 사회에서 변화가 일어나기 전까지는 불가능한지 의문이 생긴다.

결론

이 글은 내용, 형식 및 조직 구조 측면에서 평화교육에 대해 논의했다. 평화교육은 문제 지향(내용)과 참여적 의사결정(대화 형식)의 원칙을 포함한다고 주장되어 왔다. 이 두 가지 원칙은 하나가 다른 것을 내포하기 때문에 동시에 구현되어야 한다. 따라서 둘 중 하나에만 초점을 맞춘 프로젝트는 반드시 다른 하나에 의도하지 않은 결과를 초래한다. 그러므로 이러한 프로젝트가 실행 가능하다는 것은 구조에 규정된 규칙에 대화의 가능성이 존재한다는 것을 의미한다. 하지만 교육을 통제하고 있는 구조적 원칙이 본질적으로 반反대화적이기 때문에, 이러한 프로젝트는 제약에 부딪히게 될 것이고, 따라서 시스템 안에서부터 변화되지는 않을 것이다. 그래서 사회의 변화를 통해 교육 시스템을 어떻게 바꿀 수 있는가에 관한 질문이 제기되는 것이다.

일부 평화교육자들은 더 많은 정의를 향한 사회적 변화가 학교 자체

안에서 생길 수 없다고 주장한다. 이것은 평화를 위한 교육이 주로 성인 집단의 행동을 통해 학교 밖에서 이루어져야 한다는 것을 의미한다. 이러한 의식화 노력은 형식 교육 시스템의 변화를 포함해 지역 수준과 세계 수준의 사회정의를 위한 투쟁에서 중요한 역할을 할 정치 세력을 창출할 것이다. 하지만 평화교육이 학교 안팎에서 시도되든 그렇지 않든, 비폭력적인 사회 변화 과정의 일부가 되지 않으면 평화와 사회정의 창출에 공헌하지 못할 것으로 보인다.

마지막으로, 이 글에서 세 요소에 대해 따로따로 논의했음에 주목하기를 바란다. 이 분류는 오직 분석 목적으로만 만들어졌다. 다음과 같은 질문을 제기하여 세 요소 간의 상호 관계를 분석하는 것은 매우 중요하다. 선택한 내용이 의사소통 형식에 어떤 영향을 미칠까? 선택한 의사소통 형식이 내용 개발에 어떤 영향을 미칠 수 있을까? 내용 선정과 의사소통 형식 선택에 미치는 조직 구조(교육과정 계획 포함)의 영향은 무엇인가? 교육 활동이 구조 및 조직의 미래에 미치는 영향은 무엇인가?

참고문헌

UNESCO. (1974). *Recommendation concerning education for international understanding, co-operation and peace and education relating to human rights and fundamental freedoms*. Paris, France: UNESCO. (Recommendation adopted by the General Conference of UNESCO at the 18th session, on November 19, 1974)

8장
평화교육의 도덕적, 정신적 기반

데일 T. 스노워트(Dale T. Snauwaert)

서론

군사력을 사용하려면 도덕적 정당성이 필요한가, 아니면 정치적 필요성으로 충분한가? 무력 사용이 언제나 도덕적으로 정당화될 수 있는가? 그렇다면 어떤 원칙이 무력 사용을 정당화하고 통제하는가? 타인에게 절대로 하지 말아야 할 일이 있는가? 모든 인간에게 제공되어야 하는 것이 있는가? 평화는 기본권인가? 평화는 직접적 폭력의 부재(소극적 평화)를 포함할 뿐만 아니라 구조적 폭력-불의-의 부재(적극적 평화)도 포함하는가? 민주사회의 시민들은 이러한 질문에 관한 윤리적, 정치적 담론에 참여하기 위해 교육받아야 하는가?

도덕, 정치 그리고 평화교육

국제관계의 대표적 이론인 정치적 현실주의는 국가와 구성원 간의 관계에서 도덕성의 존재를 부정한다. 이 관계는 그 자체로 옳거나 선한 것이 아니라 국익과 세력에만 전적으로 관련되어 있다는 점에서 순전히 정치적이라고 주장한다.Doyle, 1997; Mapel, 1996; McMahan, 1996; Smith, 1986 현실주의는 국민국가의 테두리 안에 도덕적 공동체가 존재함을 사실로 상정한다. 국익과 공동선이 존재하는데, 국가 공무원은 이를 증진해야 할 의무가 있다. 또한 국민에게 안보 우산을 제공해야 한다는 도덕적 지상명령도 있다. 국가 공무원은 군대 투입 등 무력 행사를 신중하게 하여 국익과 국민의 안보를 추구해야 하는 도덕적 의무가 있다. 하지만 이런 견해는 도덕적으로 배타적이다. 그것은 자신의 국가 밖에 존재하는 인간은 국가 공동체의 구성원이 아니므로 도덕적 고려를 하지 않아도 된다고 상정한다. 윤리는 국경에서 멈춘다. 반대로, 평화교육은 도덕 공동체가 모든 인간을 포함하고 모든 인간이 도덕적 지위를 가지고 있으므로 전쟁과 평화, 정의와 불의가 세계 수준의 도덕적 고려 사항이라는 세계주의적 신념을 전제로 한다. 그것은 단순한 철학적 이상이 아니다. 왜냐하면 광범위한 합의에 기초한 초국가적 글로벌 도덕 공동체인 "실제 존재하는 세계주의"가 있기 때문이다.Bobbio, 1990/1996; Bok, 1995; Boulding, 1988; Brown, 1992; Buergentahl, 1995; Cooper, 1999; Corcoran, 2005; Dalai-Lama, 1999; Falk, 1989; R.A. Falk, 2000; Finnis, 1980; Glover, 2000; Hayden, 2001; Held, 1995; Kant, 1795/1983; Kung, 1993; Kung & Kuschel, 1993b; Maritain, 1958; Nussbaum, 1996; Perry, 1998

그 중심에서 도덕성은 우리가 어떻게 살아야 하는가에 관한 질문을 다룬다. 이는 좋은 삶에 관한 질문이며, 유데모니아적eudaimonia 관점을 구성한다.Aristotle, 1965 그리스어 eudaimonia는 종종 행복으로 번역되지만, 더 정확한 번역은 인간의 성취, 안녕과 번영이다. 이 윤리적 관점의 근본적인 전제는 사람들이 인간의 번영을 구성하는 기본적 자산들(건강, 지식, 우정, 심미적 경험, 놀이, 일, 지속가능한 환경 등)을 통합하여 향유하는 면에서 성취를 추구한다는 것이다. 이런 관점에서 개인은 이 기본적 자산들에 대한 "인간의 권리, 즉 인권"을 가지고 있다.Finnis, 1980 헨리 슈Henry Shue, 1980가 말하기를, "도덕적 권리는 (1) 정당한 요구의 합리적 근거를 제공하고 (2) 실제적인 물질 향유가 (3) 윤리적인 우려로부터 사회적으로 보장된다고 규정한다".p. 13 이런 관점에서 볼 때, 권리는 사회가 보장하는 자산의 향유에 대한 정당한 요구이다. 따라서 권리는 개인이 마땅히 받아야 하는 것이 무엇이며, 요구하는 것이 어떻게 정당화되고 보호되는지를 규정한다. 이런 식으로 권리는 인간관계의 도덕적 경계와 법률로 성문화된 경우의 법적 경계를 규정하는 도덕적, 법적 장치가 된다. 권리는 어떤 선택을 할 수 없거나 어떤 선택을 해야 하는지를 규정한다. 기본적 자산들에 대한 인간의 권리는 결국 기본적 권리에 요구되는 도덕적 의무로서 아래의 상호 연결된 의무를 환기한다.

(a) 상호 배려와 지원이라는 적극적 의무(구제의 의무)
(b) 타인에게 해를 끼치지 않는 소극적 의무(피해 방지 의무)
(c) 기초적 공정성에 대한 규범(보호의 의무)Bok, 1995; Shue, 1980

도덕 방정식은 단지 개인이 무엇을 해야 하는지에 관한 것만이 아니라 근본적으로 개인이 다른 사람과 관련하여 제공하거나 자제할 의무가 있는 것도 포함한다. 피해 방지 의무는 파괴적 행동을 자제할 의무와 규제를 수반한다. 보호 의무는 박탈을 방지할 의무를 강제하는 규범, 사회 관습 및 제도를 확립할 책임을 수반한다. 구제의 의무는 곤경에 처한 사람에게 도움을 줄 의무에 대한 것이라는 점에서 적극적 조치와 관계있다. 개인에게 행복과 인간적 성취를 추구할 권리가 있다면, 이러한 의무와 그 제도화는 사회적 차원에서 도덕적으로 매우 긴요하다. 이 상호 연결된 의무들은 인간의 번영을 위해 필요한 최소한의 사회적 협력에 필수적이다.

이러한 지상명령이 외교 관계에도 적용되는가? 이 질문은 도덕적 의무에 관하여 바꿔 말할 수 있다. "직위상" 의무와 "자연적" 의무 사이에는 중요한 차이가 있다. 직위상 의무는 사회에서의 특정한 직위 또는 역할에 수반되는 의무이며, 특정 역할에 연계된 특수한 관계와 관련된다. 자연적 의무는 직위나 특수한 관계와 상관없이 모든 사람이 이행해야 하는 의무를 말한다. 즉, 인간이 갖는, 인간으로서 서로에게 이행해야 하는 의무를 말한다. 위에서 말한 공통 가치인 기본적 의무는 직위상 의무인가 자연적 의무인가? 그것은 국가들과 사람들 사이의 관계에 적용되는가? 인간의 번영에 필요한 모든 자산에 대한 권리를 포함하여 인간이 행복을 추구할 권리가 있다는 주장은 인간은 본질적 가치를 지니며 스스로가 목적이라는 전제에 기초한다. 그것은 일시적인 정부 권력이 아니라 인간 존엄성의 자주권을 선포하는 윤리이다. 인간 존엄성은 정치적 경계로 규정되지 않으며, 전 지구적인 세계주의적 도덕 공동체를 확립한다. 여기서 과제는 도덕 공동체의 성원 자격이 천부적인 인간적 특성 및 능력의 본질적 가치를 인정하는 데 기초하는 것이다. 따라서 평화란 인간의 번영에 필요한 인간의 권리와 의무를 확보하는 세계주의적 도덕 질서라고 정의할 수 있다.

침략전쟁과 집단학살처럼 대규모로 인권이 위협받거나 침해받을 때, '정의로운 전쟁'을 수행해 온 측은 피해 당사자에게 자신을 보호하고 정의로운 평화를 회복할 권리가 있다고 말한다. 또, 우방이나 동맹국이 그

평화를 보호하거나 회복하기 위해 개입하는 것은 정당하다고 주장한다. 이 개입은 정당한 무력 사용을 수반할 수 있다. 정의로운 평화의 보호를 위해 행동할 의무는 정당방위 권리와 곤경에 처한 다른 사람을 도와줄 의무에 기초한다. 정의로운 평화를 수호하기 위한 노력으로, 정의로운 전쟁 이론이 전쟁 개시 결정에 관한 도덕적 의사결정 기준jus ad bellum 과 올바른 전쟁 수행에 관한 도덕적 의사결정 기준jus in bello을 규정하는 두 개의 원칙적 고려 사항을 개발했다. 이러한 도덕적 전통에서는 폭력을 나쁘게 보는 당연한 추정이 존재하며, 그래서 무력을 사용하려면 도덕적 정당화가 필요하다. 무력 사용의 도덕적 정당성은 다음 기준을 모두 충족하느냐에 달렸다. 즉, 정당한 명분, 올바른 지휘권, 올바른 의도, 과잉 조치 금지의 원칙, 성공에 대한 합리적 희망, 최후의 수단. 도덕적 의사결정 기준은 올바른 전쟁 수행과 관련된다. 이런 관점에서 무력 사용은 과잉 조치 금지의 원칙과 차별적 원리에 따라 민간인은 제외해야 한다. 무력 사용은 정의로운 평화를 회복하기 위해 도덕적으로 정당화될 수 있지만 결코 완벽한 전쟁이 될 수는 없는데, 이는 인간 존엄성을 보호한다는 자기 정당화와 모순되기 때문이다.Allen, 1991/2001; Bishops, 1983/1992; Boyle, 1996; Cady, 1989; Finnis, 1996; Ford, 1970; Hoffman, 1981; Holmes, 1989, 1989/1992; Nardin, 1996; Ramsborth & Tom, 1996; Ramsey, 1961, 1968/1983; Turner Johnson, 1981, 1999; Walzer, 1970, 1997; Wasserstrom, 1970; Yoder, 1984

세계주의적 도덕 질서로서의 평화는 결국 다른 사람의 본질적 가치인 타고난 존엄성에 부응하는 각 개인의 역량에 달려 있다. 권리와 의무의 원칙이 필수이지만 다른 사람을 도덕적으로 대하는 자세를 갖춰 주는 내적인 도덕적 자원이 없으면 이는 무력해진다.

우리의 도덕적 역량을 형성하는 두 가지 기본적인 도덕 감수성은 "나는 할 수 없다"와 "나는 해야 한다"이다.Fromm, 1947; Glover, 2000 "나는 할 수 없다"는 해를 끼치지 않는 능력, 즉 억제 능력을 구성한다. 그것은 자신의 진실성에 일치하는 것을 내적으로 성찰하고 자각하는 능력에 기반을 둔다.Arendt, 1971, 1992, 1994; Arendt & Kohn, 2003; Dalai-Lama, 1999; Hanh, 1987 그것은 "나쁜 일을 하는 것보다 나쁜 일을 겪는 것이 더 낫다"는 도덕적 관점에 기초한다. 플라톤의 『고르기아스』에서 소크라테스는 은유적으로 다음과 같이 말했다.

> 내 수금(고대 현악기-옮긴이)과 내가 지휘하는 합창단은 조율이 맞지 않고 불협화음으로 시끄러워야 하며, 나와 하나가 되는 것보다 수많은 사람이 나와 의견이 맞지 않고 화합을 이루지 않으며 모순되는 것이 내게 더 좋을 것이다.Arendt & Kohn, 2003, p. 181

다시 말해, 내가 다른 사람에게 해를 끼치면, 나 자신이 스스로를 용납할 수 없을 것이다. 잠재적인 내적 불일치가 나를 멈추게 한다. 그것이 억제의 내적, 정신적 메커니즘이다.

"나는 해야 한다"는 다른 사람의 곤경에 배려와 연민을 가지고 긍정적으로 반응하는 능력을 구성한다. 이런 반응은 다른 사람을 주체로서, 목적으로서 만나는 능력을 필요로 하며 상대방의 본질적 가치를 인정하는 데 기초한다.Buber, 1970 그것은 또한 인간 사이의 상호 의존과 상호 연결에 대한 인식을 수반한다. 그리고 평정을 유지하는 역량, 다른 사람의 관점을 편견 없이 받아들이는 역량을 수반한다.Dalai-Lama, 1999

결론

이러한 관점에서 볼 때, 도덕성과 그것에 의한 평화는 우리 마음과 정신의 전반적 자질 안에서 형성된다.Dalai-Lama, 1999 베티 리어든이 주장하듯이, 평화교육은 사회 구조와 의식 구조 모두의 변화를 목표로 해야 한다.Reardon, 1988 이 점은 평화교육이 상호 연관된 도덕적 토대와 정신적 토대를 가지고 있음을 시사한다.

참고문헌

Allen, J. L. (2001). *War: A primer for Christians*. Dallas, TX: First Maguire Center/Southern Methodist University Press. (Original work published 1991)

Arendt, H. (1971). *The life of the mind* (Vol. 1). New York: Harcourt.

Arendt, H. (1992). Lectures on Kant's political philosophy. In R. Beiner (Ed.), *Hannah Arendt lectures on Kant's political philosophy* (pp. 3-88). Chicago: The University of Chicago Press.

Arendt, H. (1994). *Eichmann in Jerusalem: A report on the banality of evil*. New York: Penguin Books.

Arendt, H., & Kohn, J. (2003). *Responsibility and judgment* (1st ed.). New York: Schocken Books.

Aristotle. (1965). *Nicomachean ethics* (J. A. K. Thomson, Trans.). Baltimore, MD: Penguin Books.

Bishops, U. S. C. (1992). The challenge of peace: God's promise and our response. In J. B. Elshtain (Ed.), *Just war theory* (pp. 77-168). New York: New York University Press. (Original work published 1983)

Bobbio, N. (1996). *The age of rights*. Cambridge, England: Polity Press. (Original work published 1990)

Bok, S. (1995). *Common values*. Columbia, MO: University of Missouri Press.

Boulding, E. (1988). *Building a global civic culture: Education for an interdependent world*. New York: Teachers College Press.

Boyle, J. (1996). Just war thinking in catholic natural law. In T. Nardin (Ed.), *The ethics of war and peace: Religious and secular perspectives* (pp. 40-53). Princeton, NJ: Princeton University Press.

Brown, C. (1992). *International relations theory: New normative approaches*. New York: Columbia University Press.

Buber, M. (1970). *I and thou* (W. Kaufman, Trans.). New York: Scribners.

Buergentahl, T. (1995). *International human rights*. St. Paul, MN: West.

Cady, D. L. (1989). *From warism to pacifism: A moral continuum*.

Philadelphia, PA: Temple University Press.

Cooper, B. (Ed.). (1999). *War crimes: The legacy of Nuremberg*. New York: TV Books.

Corcoran, P. B. (Ed.). (2005). *The earth charter in action: Toward a sustainable world*. Amsterdam, the Netherlands: KIT Publishers, in cooperation with the Earth Charter Initiative, San Jose, Costa Rica.

Dalai-Lama. (1999). *Ethics for the new millennium*. New York: Riverhead Books.

Doyle, M. W. (1997). *Ways of war and peace*. New York, NY: W.W. Norton.

Falk, R. (1989). *Revitalizing international law*. Ames, IA: Iowa State University Press.

Falk, R. A. (2000). *Human rights horizons: The pursuit of justice in a globalizing world*. New York: Routledge.

Finnis, J. (1980). *Natural law and natural rights*. Oxford, England: Clarendon Press.

Finnis, J. (1996). The ethics of war and peace in the catholic natural law tradition. In T. Nardin (Ed.), *The ethics of war and peace: Religious and secular perspectives* (pp. 15-37). Princeton, NJ: Princeton University Press.

Ford, J. C. (1970). The morality of obliteration bombing. In R. A. Wasserstrom (Ed.), *War and morality* (pp. 15-41). Belmont, CA: Wadsworth.

Fromm, E. (1947). *Man for himself: An inquiry into the psychology of ethics*. New York: Rinehart & Company.

Glover, J. (2000). *Humanity: A moral history of the twentieth century*. New Haven, CT: Yale University Press.

Hanh, T. N. (1987). *Being peace*. Berkeley, CA: Parallax Press.

Hayden, P. (Ed.). (2001). *The philosophy of human rights*. St. Paul, MN: Paragon House.

Held, D. (1995). *Democracy and the global order*. Stanford, CA: Stanford University Press.

Hoffman, S. (1981). *Duties beyond borders: On the limits and possibilities of ethical international politics*. Syracuse, NY: Syracuse University Press.

Holmes, R. L. (1989). *On war and morality*. Princeton, NJ: Princeton University Press.

Holmes, R. L. (1992). Can war be morally justified? The just war theory. In J. B. Elshtain (Ed.), *Just war theory* (pp. 195-233). New York: New York University Press. (Original work published 1989)

Kant, I. (1983). *Perpetual peace and other essays* (T. Humphrey., Trans.).

Cambridge, MA: Hackett. (Original work published 1795)

Kung, H. (1993a). *Global responsibility: In search of a new world ethic*. New York: Continuum.

Kung, H., & Kuschel, J.-K. (Ed.). (1993b). *A global ethic: The declaration of the parliament of the world's religions*. New York: Continuum.

Mapel, D. R. (1996). Realism and the ethics of war and peace. In T. Nardin (Ed.), *The ethics of war and peace: Religious and secular perspectives* (pp. 54-77). Princeton, NJ: Princeton University Press.

Maritain, J. (1958). *The rights of man and natural law*. London, UK: Geoffrey Bles.

McMahan, J. (1996). Realism, morality, and war. In T. Nardin (Ed.), *The ethics of war and peace: Religious and secular perspectives* (pp. 78-92). Princeton, NJ: Princeton University Press.

Nardin, T. (Ed.). (1996). *The ethics of war and peace: Religious and secular perspectives*. Princeton, NJ: Princeton University Press.

Nussbaum, M. (1996). *For love of country: Debating the limits of patriotism*. Boston: Beacon Press.

Perry, M. J. (1998). *The idea of rights: Four inquiries*. New York: Oxford University Press.

Ramsborth, O., & Tom, W. (1996). *Humanitarian intervention in contemporary conflict: A reconceptualization*. Cambridge, England: Polity Press.

Ramsey, P. (1961). *War and the Christian conscience: How shall modern war be conducted justly?* Durham, NC: Duke University Press.

Ramsey, P. (1983). *The just war: Force and political responsibility*. New York: University Press of America. (Original work published 1968)

Reardon, B. (1988). *Comprehensive peace education: Educating for global responsibility*. New York: Teachers College Press.

Shue, H. (1980). *Basic rights: Subsistence, affluence, and U.S. Foreign policy*. Princeton, NJ: Princeton University Press.

Smith, M. J. (1986). *Realist thought from Weber to Kissinger*. Baton Rouge, LA: Louisiana State University Press.

Turner Johnson, J. (1981). *Just war tradition and the restraint of war: A moral and historical inquiry*. Princeton, NJ: Princeton University Press.

Turner Johnson, J. (1999). *Morality and contemporary warfare*. New Haven, CT: Yale University Press.

Walzer, M. (1970). Moral judgment in time of war. In R. A. Wasserstrom (Ed.), *War and morality* (pp. 54-62). Belmont, CA: Wadsworth.

Walzer, M. (1997). *Just and unjust wars: A moral argument with historical illustrations*. New York: Basic Books.

Wasserstrom, R. A. (1970). On the morality of war: A preliminary inquiry. In R. A. Wasserstrom (Ed.), *War and morality* (pp. 78-101). Belmont, CA: Wadsworth.

Yoder, J. H. (1984). *When war is unjust: Being honest in just-war thinking*. Minneapolis, MN: Augsburg.

9장
유엔과 평화교육

제임스 S. 페이지(James S. Page)

정의

유엔은 국제 평화를 유지하고 국제 협력을 장려할 목적으로 1945년 10월 24일 설립된 국제기구이다. 유엔은 특정 목적을 위해 전문기구 및 토론회를 운영하고 있지만, 전체를 아우르는 조직을 의미한다. 일부를 제외하고 유엔의 선언과 문서들은 이른바 '연성법soft law'을 구성하는데, 이는 도덕적 설득의 힘을 통해 작동한다고 할 수 있다. 국제 평화와 협력이 유엔 창설 원칙의 중심이기 때문에, 유엔의 공식 선언과 문서 안에서 평화교육에 대한 공식적이고 명확한 표현을 찾아보는 것은 당연하다. 더 나아가 평화교육을 이해하려고 할 때, 그 공식 선언의 강점과 약점을 포함한 명확한 표현들을 이해하고자 하는 것은 논리적으로 타당하다고 할 것이다.

유엔 헌장과 세계인권선언

유엔 헌장은 미래 전쟁을 예방한다는 유엔의 목적을 명확히 제시한다. 평화교육은 이 목적을 달성할 수 있는 중요한 수단 중 하나이다. 헌장의 전문에는 "인간의 존엄성과 가치에 대한 믿음을 재확인"하고 국제적 의무에 대한 "존중과 정의가 유지될 수 있는 조건을 확립"한다고 언급하고 있다.[UN, 1945] 교육을 수반하지 않고는 인간의 존엄성에 대한 믿음을 확립, 재확인하거나 국제적 의무에 대한 존중을 정립하는 과제를 알아내기 어렵다. 평화교육에 대한 또 다른 근본적 인식은 세계인권선언 안에 있다. 제26조는 다음과 같이 선언한다.

"교육은… 인권과 기본적 자유에 대한 존중을 강화할 것이다. 교육은 이해, 관용 및 친선을 증진하고… 유엔의 평화 유지 활동을 발전시킬 것이다."[유엔총회[UNGA], 1948]

유네스코와 평화교육

유엔 시스템 내에서 교육과 교육정책에 대한 독보적 책임을 맡은 기구는 유엔교육과학문화기구[UNESCO, 유네스코]이다. 따라서 유네스코가 평화교육을 가장 많이 다룬다고 볼 수 있다. 사실, 평화교육은 유네스코 헌장의 중심이다. 헌장 전문[1945]은 전쟁이 인간의 마음에서 시작되므로, 평화를 지키는 울타리도 인간의 마음에 세워야 한다고 언급하는 것으로 시작된다. 실제로 전문에 실린 대부분의 선언은 평화 구축 아니면 전쟁 예방에 관해 명시적으로 다루고 있다. 유네스코는 다른 유엔 기구들과 함께 국제 평화에 대한 근본적인 의지를 공유하고 있지만, 교육, 과학 및 문화를 매개로 운영되는 이 기구의 임무는 독특하다. 1945년 헌장에 담은 유네스코의 평화교육에 대한 의지는, 전문을 논외로 하면 암묵적으로 나타날 뿐이라고 주장할 수 있다. 하지만 그 후 1974년, 1980년, 1995년 그리고 최근의 "평화의 문화" 프로그램에 대한 유네스코의 책무 등을 통해 평화교육에 대한 다수의 명시적인 의지 표명이 있었다. 이는 아래에서 더 자세히 논의하겠다.

평화교육을 장려하는 유네스코의 구체적 활동 중 하나는 1953년 설립되어 현재 176개국에서 약 7,900개 교육기관의 네트워크가 참여하고 있는 유네스코협동학교Associated Schools Project Network, ASPnet이다. ASPnet은 평화와 국제이해를 장려하는 유네스코의 목표에 전념하고 있는데, 〈들로르Delors 보고서〉[1996]에 약술된 "교육의 네 기둥"에 전념함으로써 더 폭넓어진 점이 주목할 만하다. 네 기둥은 "알기 위한 학습, 존재하기 위한 학습, 행동하기 위한 학습, 함께 살기 위한 학습learning to know, learning to be, learning to do, and learning to live together"[pp. 91-96]이다. ASPnet은 평화교육 원칙을 옹호하며 다음과 같은 활동을 한다. 외국 학교와의 결연, 학생 프로젝트, 지역별 및 권역별 관계망 구축, 국제 캠프, 학술대회, 토론회, 캠페인, 학생 경연대회, 그리고 교육의 질 향상을 지향하고 다른 문화 및 전통에 대한 존중심 고양을 지향하는 모든 일 등이다.

평화교육과 아동인권

평화교육에 대한 UN의 의지는 아동인권 문서에도 반영되어 있다. 1959년 아동인권선언은 아동에게 보호받고 교육받을 권리가 있음을 강조하는 것으로 요약할 수 있다. 일곱 번째 원칙은 아동이 도덕적, 사회적 책임감을 키울 수 있는 교육을 받을 권리가 있음을 명시한다. 그 당연한 귀결로서 아동은 평화교육을 받을 권리가 있다고 주장할 수 있다. 같은 맥락에서, 1989년 「아동인권협약」 제29조 1항(d)에는 아동 교육이 "이해, 평화, 관용 및 성평등 정신으로 그리고 모든 사람, 민족, 국가집단, 종교집단 및 토착민 사이의 우호적인 관계로 자유로운 사회에서 책임 있는 삶을 준비시키는 것"이어야 한다고 명시되어 있다. 아동에게 평화와 평화교육이 중요함을 고려해 볼 때, 유엔아동기금UNICEF의 홍보 문건에서 평화교육이 대단히 중요하게 다루어지는 것은 놀라운 일이 아니다. 하지만 유엔아동기금이 평화교육을 강조하는 것은 대부분 '분쟁 후 상황'에 관한 것이다. 1996년에 유엔아동기금이 반전anti-war 의제의 일부로 평화교육을 채택한 것 역시 놀라운 일이 아니다.

평화교육을 다루는 유엔 문서에 관해 우리가 말할 수 있는 것 중 하나는 권리와 기대 면에서 점차 확고해져 왔다는 점이다. 이는 유엔총회 UNGA에서 만장일치로 채택한 2002년 문서 「아동에게 적합한 세계A World Fit for Children」에서 분명히 알 수 있다. 제5조에는 아동에게 적합한 세계는 발달에 대한 권리UNGA, 2002b를 포함하며, "민주주의, 평등, 무차별, 평화 및 사회정의의 원칙과 모든 인권의 보편성, 불가분성, 상호의존성 및 상호연관성에 입각한" 지속가능한 발전의 하나라고 서술되어 있다. 이 문서의 대부분은 위험과 폭력으로부터 보호받을 아동의 권리에 초점을 맞추고 있는데, 중요한 부분에서 양질의 교육 제공이라는 도전적인 과제를 다루고 있다. 제40조에는 이 문서의 서명자들은 다양한 전략과 행동을 실행할 것임을 명시하고 있는데, 제40조 7항에 다음과 같은 전략과 행동이 적시되어 있다.

> '2001~2010 세계 어린이를 위한 평화 및 비폭력 문화 10년'이 제시한 모든 기회를 활용하여, 평화, 관용 및 성평등의 가치와 인권을 충분히 증진하고 보호하는 내용이 교육 프로그램 및 자료에 반영되도록 보장할 것…'. UNGA, 2002b

이것은 분명히 평화교육에 대한 직설적인 의지 표명이다.

유엔과 군축교육

유엔은 일반적으로 평화교육의 한 요소로 인식되는 군축교육에 대한 의지를 오랫동안 지켜 왔다. 1978년 개최된 유엔총회의 제10차 특별총회는 완전히 군축에 전념했기 때문에 일반적으로 '군축특별총회 I'로 알려져 있다. 최종 의정서 제106조, 제107조는 각국 정부와 국제기구가 모든 수준에서 군축 및 평화교육 프로그램을 개발하도록 특별히 촉구했으며, 군축교육이 공식 교육과정에 포함되어야 한다고 명시했다. 1980년 유네스코는 이전의 군축특별총회 I에서 약속한 대로 군축교육 세계회의를 소집했다. 이 회의의 최종문서 및 보고서는 군축교육을 평화교육의 필수 요소라고 상정하고 또한 발전과 형평의 문제와도 연계시킨다는 점에서 주목할 만하다. 여기서는 무엇을 생각해야 하는지보다는 어떻게 생각해야 하는지를 중요하게 다루고 있다. 특히 무엇보다 중요한 것은 최종문서와 보고서에 군축교육에 대한 의지가 각급 교육의 교육과정 전반에 분명히 나타나야 한다고 명시된 것이다.

1982년 유엔총회는 '군축특별총회II'를 개최했는데, 이때 중심 의제는 1982년부터 1992년까지 진행된 세계군축캠페인이었다. 세계군축캠페인은 군축에 대한 대중의 지지를 동원하는 활동으로 묘사된다. 그렇다 보니, 캠페인 활동은 평화운동 및 민간단체의 노력과 매우 밀접히 연관되어 있었다. 이 캠페인은 군축의 중요성을 사람들에게 교육하는 것을 목적으로 하지만 이를 수행하는 메커니즘이 대부분 형식 교육기관의 외부에 있으므로, 비형식 평화교육 활동이라고 볼 수도 있다. 이디스 밸런타인과 펠리시티 힐Edith Ballantyne & Felicity Hill, 2001은 캠페인이 성공적이었는지는 아직 미결 상태로 남아 있다고 말했다. 주요 제약 조건은 자금 부족이며, 본질적인 문제는 유엔 회원국에 대한 구체적인 비판이 포함될 수밖에 없는 부분이다. 또한 그 후 10년간 군축이 미미했다는 점에서 캠페인이 성공하지 못했다고 주장할 수 있지만, 캠페인이 일으킨 전반적인 의식 제고가 냉전 종식을 가져온 압력으로 작용했다고 주장할 수도 있다.

1992년에 세계군축캠페인은 영구적인 조직, 즉 유엔군축프로그램으로 전환되었는데, 이는 아마도 실패를 암묵적으로 인정했기 때문일 것이다. 이 캠페인이 정말로 성공적이었다면, 상설 기구를 창설하는 과정은 필요하지 않았을 것이다. 그럼에도 1990년대 내내 유엔총회는 군축교육의 중요성에 대해 정기적으로 성명을 발표했다. 2000년, 유엔총회는 사무총장에게 전문가의 도움을 받아 군축·비확산교육에 관한 연구를 수행하라고 요청했다. 2002년에 이 연구물이 발표되고 유엔총회의 승인을 받았다. 「군축·비확산교육에 관한 유엔 연구」는 평화교육에 대한 국제적인 의지를 공식화하는 중요한 국제 문서이다. 특히 이 문서는 군축·비확산교육의 규범적 정의와 목표 목록을 제6조에서 제시한다. 입안자들은 그러한 교육이 "이론적이고 실제적인 지식의 바탕이 되며, 개인들이 폭력을 거부하고 갈등을 평화적으로 해결하며 평화의 문화를 견지하는 가치관을 스스로 선택할 수 있게 해 주는 것"이라며 그 교육의 책임 영역을 제20조에 요약하고 있다.[UNGA, 2002a]

인권으로서의 평화교육

유엔의 보고서들 가운데 가장 흥미로운 전개 중 하나가 평화교육과 인권교육의 결합이다. 1993년 개최된 세계인권회의의 「비엔나 선언 및 실행 프로그램」의 제2부 78-82항에서는 평화교육을 인권교육의 일부로, 그리고 인권교육을 세계 평화에 중요한 요소로 보고 있다. 비엔나 회의는 유엔이 주최했으며 이후 유엔총회에서 선언문을 발표했다. 최근에는 베티 리어든[Betty Reardon, 1997/2000] 같은 평화교육자들이 인권으로서의 평화교육이라는 생각에 열중했다. 사실 평화가 인권이라면, 그것은 단지 우리가 희망하는 것이라기보다 더글러스 로슈[Douglas Roche, 2003]가 강력히 말했듯이 우리가 요구하는 것이다. 더 나아가, 평화교육은 이런 관점에서 교육적 노력에 부가되는 이타적인 것이 아니라 권리로서 요구해야 하는 것이 된다.

인권으로서의 평화교육이라는 구상은 대부분 평화 자체를 인권으로 보는 데서 나온다. 유엔은 1984년 11월 12일 유엔총회에서 채택한 총회 결의안 39/11인 「인류의 평화에 관한 권리 선언」이라는 간결하면서도 강력한 문서에서 이러한 견해를 밝혔다. 흥미롭게도, 대부분의 서방 국가는 이 결의안에 대한 투표에 기권했으며, 2년 후에는 개발에 대한 권리를 표명하는 비슷한 결의안에 대해서도 기권했다. 그렇지만 위의 선언은 여전히 유엔에서 공식적으로 채택된 문서라는 지위를 가지고 있다. 평화권과 평화교육에 대한 권리의 연관성은 매우 간명하다. 개인과 사회가 특정한 권리를 가지고 있다는 사실을 인지하지 못하면 그 권리는 무의미하게 되기 때문에, 평화는 권리로 여겨져야 하고 사람들은 그 권리에 관해 교육받고 또 알아야 할 권리를 가져야만 한다.

유엔 그리고 관용을 위한 교육

관용을 위한 교육에 대한 유엔의 프로그램에는 평화교육에 대한 수많은 의지 표명이 있다. 1995년은 유네스코가 주관하는 '유엔 관용의 해'로 지정되었다. 유네스코의 '관용의 원칙에 관한 선언'[1995]과 유엔총회는 관용이 평화를 위한 필수 요건임을 분명히 했다. 유네스코 문서의 제1조는 심지어 관용이 평화를 가능하게 하고 폭력의 문화를 평화의 문화로 대체하는 데 이바지하는 덕목이라고 설명하기까지 한다. 유네스코 문서는 또한 제4조에서 교육의 중요성을 구체적으로 언급한다. 교육이 불관용을 예방하기 위한 가장 효과적인 수단이며, 그 첫 단계는 사람들에게 자신의 권리와 자유가 무엇인지 알려 주는 것이다. 관용을 위한 교육은 독자적 판단력, 비판적 사고력 및 윤리적 추론 능력의 개발을 장려해야 한다. 흥미롭게도, 제4조 4항은 "다른 문화에 개방적이고, 자유의 가치를 인정할 수 있으며, 인간의 존엄성과 차이를 존중하고, 갈등 예방이나 비폭력적 문제 해결 능력이 있는, 배려와 책임감 있는 시민을 양성할 목적으로 교사 교육, 교육과정, 교과서, 수업 및 교육 자료를 개선하겠다는 서약을 포함하고 있다".UNESCO, 1995 이렇듯 앞서 제시된 서약은 평화교육의 목적을 유용하게 요약하는 역할을 한다.

평화교육과 평화의 문화

평화의 문화에 대한 강조와 이를 위한 교육은, 평화 성취가 제도적 문제일 뿐 아니라 잘 드러나지 않는 요소들로 구성된 문화적 변화의 문제이기도 하다는 자각에서 생겨났다. 평화의 문화에 대한 유엔의 공식적 의지 표명은 1999년 9월 13일 유엔총회가 채택한 총회결의안 53/243 「평화 문화에 관한 선언 및 행동 프로그램」이라는 원대하고 괄목할 만한 문서를 통해 가장 잘 이해할 수 있다. 요약하면, 이 문서는 직접적, 구조적, 문화적 평화를 아우르며 평화와 평화교육 모두를 좀 더 통합적으로 이해하려는 추세를 반영하고 있다. 이 문서는 또한 평화는 위로부터 주어지는 것이라기보다, 아래로부터 나오는 것이어야 함을 인정하고 있다. 다시 말해, 평화의 문화를 위한 풀뿌리 운동이 필요하다는 것이다.

유엔은 2000년을 '국제 평화문화의 해'로 지정했으며, 이는 '세계 아동을 위한 평화와 비폭력 문화 10년(2001~2010년)'에 대한 승인으로 이어졌다. 유네스코는 평화의 문화와 관련된 프로그램의 주관 기구였다. 「평화의 문화에 관한 선언 및 행동 프로그램」의 A/4조는 교육이 평화의 문화를 구축하기 위한 주요 수단 중 하나임을 명시하고 있으며, B/9 조는 교육을 통해서 평화의 문화를 육성하기 위한 구체적인 행동 조치를 담고 있다. 이 조치에는 평화문화의 가치와 목적을 고취하는 활동에 아동을 참여시키는 일, 유네스코의 평화에 대한 이전의 선언들을 고려하여 교육과정과 교과서를 개정하는 일, 여성에게 기회의 평등을 보장하는 일, 국제 교육 협력을 활성화하는 일, 평화의 문화를 증진하는 가치관과 능력의 개발에 참여한 사람들의 노력을 격려하고 강화하는 일, 유엔 시스템의 관련 기관들을 격려하고 고등교육기관에서 평화의 문화를 증진하는 행동계획을 확대하는 일 등이 포함되어 있다.

결론

종합하면, 평화교육에 대한 유엔의 의지 표명이 평화의 본질과 평화 프로세스 자체에 대한 인식의 진화를 반영했다는 주장은 타당한 것 같다. 그러나 유엔의 약점은 국가통치 패러다임으로 운영되는 경향이 있다는 것이다.Galtung, 1986 이는 정부 간 조직이라는 점을 고려할 때 놀라운 일이 아니며, 그에 따라 종종 좁은 의미에서 국민국가 간 폭력의 부재가 평화인 것처럼 이해되었다. 그런데 평화를 장려할 때 시민적, 사회적 과정의 중요성과 평화의 문화를 위한 교육의 중요성에 대한 인식이 점차 증가하고 있음은 분명하다. 평화교육에 대한 유엔의 의지 표명이 점진적으로 직설적이고 명확하게 되는 것 또한 분명하다. 무엇보다 유엔의 의지 표명이 중요한 이유는 그것이 지닌 상징적인 힘이다. 문서 자체에는 강제력이 없다. 하지만 그것들이 가진 힘, 도덕적 설득의 힘을 평화교육자들이 면밀하게 이용한다면, 아마 그 무엇보다도 영향력이 클 것이다.

참고문헌

Ballantyne, E., & Hill, F. (2001). Lessons from past UN disarmament education efforts. *Disarmament Forum, 3*, 13-17.

Delors, J. (Chair) (1996). *Learning: The treasure within. Report to UNESCO of the international commission on education for the twenty-first century (The Delors Report)*. Paris: UNESCO.

Galtung, J. (1986). On the anthropology of the United Nations system. In D. Pitt & T. G. Weiss (Eds.), *The nature of United Nations bureaucracies* (pp. 1-22). London: Croom Helm.

Reardon, B. A. (1997). Human rights as education for peace. In G. J. Andrepoulos & R. P. Claude (Eds.), *Human rights education for the twenty-first century* (pp. 255-261). Philadelphia: University of Pennsylvania Press.

Reardon, B. A. (2000). Peace education: A review and projection. In B. Moon, S. Brown, & M. Ben-Peretz (Eds.), *Routledge international companion to education* (pp. 397-425). London: Routledge.

Roche, D. (2003). *The human right to peace*. Toronto, Canada: Novalis.

United Nations. (1945). *Charter of the United Nations and the statue of the International Court of Justice*. New York: United Nations Department of Public Information.

UNESCO. (1945). *Constitution of the United Nations Educational, Scientific and Cultural Organization*. London: United Nations. (Adopted on November 16, 1945)

UNESCO. (1974). *Recommendation concerning education for international understanding, co-operation and peace and education relating to human rights and fundamental freedoms*. Paris: UNESCO. (Recommendation adopted by the General Conference of UNESCO at the 18th session, on November 19, 1974)

UNESCO. (1980). *World Congress on Disarmament Education: Final document and report*. Paris: UNESCO.

UNESCO. (1994/5). *Declaration and integrated framework of action on education for peace, human rights and democracy.* Paris: UNESCO. (Declaration of the 44th session of the International Conference on Education, Geneva, October 1994, endorsed by the General Conference of UNESCO at its 28th session, October-November, 1995)

UNESCO. (1995). *Declaration of principles on tolerance.* Paris: UNESCO. (Adopted by the General Conference of UNESCO on November 16, 1995)

UNICEF. (1989). *Convention on the rights of the child.* New York: UNICEF. (Adopted by the General Assembly resolution 44/25 of November 20, 1989)

United Nations General Assembly. (1948). *Universal declaration of human rights.* New York: United Nations. (Adopted and proclaimed by the General Assembly. Resolution 217A (3) of December 10, 1948)

United Nations General Assembly. (1959). *Declaration on the rights of the child.* New York: United Nations. (Resolution 1386 (14) of November 20, 1959)

United Nations General Assembly. (1978). *Final document of the tenth special session of the United Nations General Assembly (SSODI—Special Session on Disarmament 1).* New York: United Nations.

United Nations General Assembly. (1984). *Right of peoples to peace.* New York: United Nations. (Resolution A/RES/39/11)

United Nations General Assembly. (1993). *Vienna declaration and programme of action (World Conference on Human Rights).* New York: United Nations. (A/CONF. 157/23 on June 25, 1993)

United Nations General Assembly. (1995). *International decade for a culture of peace and non-violence for the children of the world (2001-2010).* New York: United Nations. (Resolution A/53/25)

United Nations General Assembly. (1999). *Declaration and programme of action on a culture of peace.* New York: United Nations. (Resolution A/53/243)

United Nations General Assembly. (2000). *International decade for a culture of peace and non-violence for the children of the world: Report of the Secretary-General.* New York: United Nations. (Reference A/55/377)

United Nations General Assembly. (2002a). *United Nations study on disarmament and non-proliferation education.* New York: United Nations. (Resolution A/57/124)

United Nations General Assembly. (2002b). *A world fit for children.* New

York: United Nations. (Adopted by the General Assembly. (Resolution S-27/2 on May 10, 2002)

3부

평화교육의
핵심 개념

앞서 평화교육의 도덕적 기반, 형식 및 구조에 관한 몇 가지 기본적인 생각을 다루었다. 따라서 이제 평화교육을 형성해 온 핵심 개념으로 초점을 옮기는 것이 중요하다. 인권, 국제개발, 환경 의식, 다문화주의, 분쟁 해결, 군축 등 무엇을 강조하든 평화교육 연구와 실천은 일정한 개념과 원칙에 의해 통합된다. 물론 이러한 개념들만 있는 것은 아니며, 이 개념들도 평화교육에서 어떻게 구성되고 활용되는가에 대해 학자들이 연구를 계속하기 때문에 고정된 것이 아니다. 젠더에 관한 분석이 여기서 논의된 모든 영역의 기저에 있다는 점에 주목하는 것이 중요하다. 이어지는 4개의 장에서는 배려, 성차별/군사주의, 인권, 세계시민성 등 평화교육의 구성 원리로서 상당한 관심을 받아 왔고 또 그럴 만한 모든 분야에 대해 논의한다.

숙고해야 할 질문

• 다양한 상황과 맥락에 공유될 수 있는 통일된 요소가 평화
교육에 존재하는가? 어떤 개념들이 맥락적이며 또 지역에
따라 변하는가?

• 평화, 정의, 인권 사이의 관계는 무엇인가? 이러한 이상을 달
성하기 위해서는 어떤 가치관과 역량이 필요한가?

• 평화교육에서 교육자의 역할은 무엇인가? 평화교육을 위한
교사 연수는 어떤 요소로 구성될 것인가?

10장
배려와 평화교육

넬 나딩스(Nel Noddings)

배려이론과 평화교육은 서로 상응하며 상호 연관되어 있다. 배려이론은 전통적 윤리학의 중심에 있는 고독한 원칙론자인 도덕적 행위주체를 "배려자carer"와 "피배려자cared-for"라는 양자관계로 대체한다. 우리 인간은 필연적으로 관계를 맺으며, 우리의 개성 그 자체는 관계에서 생겨난다. 삶의 모든 국면에서, 우리는 살아 있는 타인과 마주친다. 마르틴 부버Martin Buber, 1958/1970가 말했듯이, "모든 실제의 삶은 만남이다".p. 62 배려이론은 배려하는 만남과 배려하는 관계를 설명하고, 그러한 관계를 어떻게 수립하고 유지하며 증진할 것인가에 대한 지침을 준다. 배려하는 관계를 가르치는 것은 공동체에서의, 개인적 삶에서의, 그리고 세계에서의 평화를 가르치는 것이다.

배려이론의 요소

배려이론은 배려자와 피배려자가 함께 만들어 가는 배려하는 관계에 대한 설명으로 시작한다.[Noddings, 1984/2003] 배려자(또는 배려행위)는 무엇보다 먼저 주의를 기울인다. 그들은 피배려자의 말을 경청하고 표현된 욕구에 특히 주의를 기울인다. 시몬 베유[Simon Weil, 1977]는 이런 형태의 배려에 대해 "영혼은 자신이 보고 있는 존재를 자기 안으로 받아들이기 위해 속에 든 것을 모두 비운다"라고 말했다.[p. 51] 이런 수용적인 배려에는 동기 전환motivational displacement이 동반되는데, 배려자의 동기 에너지가 피배려자가 표현한 욕구와 계획된 일을 향해 흐른다. 그러면 배려자는 무언가를 하고 어떤 식으로든 대응하기 마련이다. 가장 단순한 배려 상황에서는 피배려자의 욕구가 빠르고 쉽게 충족될 수 있다. 다른 경우에는 여러 번의 대면 상황에서 시간을 두고 전념하기도 해야 한다. 시간이 지나면서 생기는 관계는 배려하는 것caring으로 특징지어질 수 있다. 이때 자주 대면하게 되어 관계가 만들어지면 그것은 배려하는 만남 caring encounters이라고 할 수도 있다.

배려하는 만남 또는 관계를 완성하기 위해서는 피배려자가 배려자의 노력을 인정하는 방식으로 반응을 보여야 한다. 이러한 반응은 명시적인 감사 표시일 수도 있지만, 유아의 미소, 환자가 보이는 안도의 한숨, 또는 학생이 인정받기 위해 과제를 열심히 하는 것처럼 단순할 수도 있다. 피배려자의 이런 반응이 없다면, 배려자가 최선을 다해도 배려 관계는 성립하지 않는다. 배려이론은 도덕적 삶에 대한 피배려자의 공헌을 인정하는 면에서 도덕 이론들 가운데 독특하다고 할 수 있다. 우리는 아이의 미소에 대해, 환자의 한숨에 대해, 학생의 열정에 대해 도덕적 인정을 해 줄 필요가 없다. 도덕적 인정은 중요한 것이 아니다. 요점은 배려 관계의 수립, 유지, 증진을 가능하게 하는 반응 양식을 규명하고 장려하는 것이다.

성숙한 관계에서는 배려 관계가 평등이나 상호성mutuality으로 특징지어질 것이라고 기대한다. 우리는 그 관계의 두 구성원이 규칙적으로 자리바꿈하기를 기대한다. 즉, 번갈아 가며 배려자와 피배려자 역할을 맡는 것이다. 그렇지 않을 때 관계는 악화되는 경향이 있다.

그런데 많은 관계가 본래 불평등하다. 엄마-아이, 간호사-환자, 교사-학생과 같은 관계는 어쩔 수 없이 불평등하다. 아이는 보호자 역할을 할 수 없고, 환자는 간호사가 환자를 위해 하는 일을 간호사에게 해 줄 수 없다. 마찬가지로 교사와 학생의 관계도 불평등하다. 만약 불평등이 제거된다면, 그 관계가 우정으로 전환될 수도 있다.

하지만 불평등한 조건에서도 배려 관계는 호혜성reciprocity으로 특징지어진다. 배려자와 피배려자는 각자 이 관계에 공헌한다. 분명한 것은 이 호혜성은 계약된 것이 아니라는 점이다. 배려자는 배려자로서, 피배려자는 피배려자로서 공헌한다. 불평등한 관계에서 정기적으로 배려자 역할을 하는 사람은 그들이 얼마나 피배려자의 반응에, 즉 아동, 환자, 학생, 고객의 반응에 의존하는지 잘 안다. 그러한 인정의 반응이 없다면 배려하는 일에는 탈진할 위험이 상존한다.

배려 관계에서 기본적인 요건은 대화이다. 우리가 서로를 알게 되는 것도, 욕구를 표현하는 것도 대화를 통해서이다. 대화가 없다면, 진심으로 피배려자를 가장 배려하고자 하는 배려자는 피배려자의 욕구를 추론해서 이를 근거로 일해야만 한다.[Noddings, 2002] 때때로 욕구를 추론하는 것은 하나의 선택이다. 부모는 자녀와 대화하지 않고도 아이에게 무엇이 필요한지 안다고 결정할 수 있다. 마찬가지로, 교사는 모든 5학년 학생 또는 수학을 배우는 모든 학생의 욕구를 유추할 수 있다.[Noddings, 2007] 이때, 성실한 학부모와 교사도 자녀나 학생들의 욕구를 알거나 수용하지 못해 배려 관계를 수립하는 데 실패를 반복할 수 있다. 대화를 통해 표현된 욕구를 확인하는 것은 모든 수준의 인간 상호작용에서 매우 중요하며, 평화교육에서도 대화는 핵심이다.

평화를 위한 교육하기

평화교육자들은 종종 교과서, 강의, 영화, 이야기를 통한 학습을 상당히 강조한다.Noddings, 2005 이러한 문화적 지식 습득은 필수적이지만 동시에 오도의 소지가 있다. 모든 연령대의 학생들은 위와 같은 학습의 결과로, 그들이 다른 문화에 대해 모든 것을 안다고 생각할 수 있게 된다. 학생들은 유추된 욕구에 따라 행동하기를 마다하지 않고, 살아 있는 타자를 대화에 참여시키는 것을 소홀히 하며, 그래서 표현된 욕구를 놓치고 어쩌면 오해하기도 한다.

세계적인 차원에서 배려자가 되려는 사람들이 대화와 표현된 욕구를 소홀히 할 때, 그들은 종종 둔감하고 거만하기까지 하다는 인상을 준다. 그들은 또한 자원 배분에서 심각한 오류를 범할 수도 있다. 경제학자 조지프 스티글리츠Joseph Stiglitz, 2002는 선진국 대표들이 선의를 가지고도 이런 종류의 실수를 자주 범한다고 비난한다. 그들은 자신의 가치와 이익의 틀에서 다른 사람들의 욕구를 유추하고, 관대하지만 잘못 알고 그것을 충족시키려고 나선다. 그들은 개발도상국이 발전용 댐, 패스트푸드 가맹점, 의류 공장, 심지어 민주주의까지 필요로 한다고 유추할 수 있다. 그런데 만약 무엇을 원하는지 질문한다면, 해당 국가의 시민들은 완전히 다른 욕구를 표현하고 어쩌면 유추된 것을 강하게 거부할 수도 있을 것이다. 스티글리츠는 다음과 같이 말했다.

세계화를 어떻게 관리할 것이냐에 대한 결정으로 삶이 영향받
게 될 사람들은 그 토론에 참여할 권리가 있고, 과거에 그러한
결정이 어떻게 이루어졌는지 알 권리도 있다.[p. xvi]

우리는 다른 사람들의 욕구, 동기, 이익을 파악하기 위해 대화에 참여
해야 한다. 우리는 일부 사람들이 자본주의와는 다른 경제체제를 그리
고 민주주의가 아닌 사회체제를 선호한다는 것을 알게 되면 놀랄지도
모른다. 지속적인 대화를 통해 우리가 그들의 생각을 바꿀 수도 있지만,
당연히 그들이 우리의 견해를 수정하게 할지도 모른다. 우리는 상호 배
려의 관계에 들어설 수도 있다.

효과적인 평화교육을 위해서는 다른 사람들을 이해하는 것만으로 충
분하지 않다. 우리는 또한 우리 자신을 이해해야 한다.[Noddings, 2006] 이것은
어려운 일이며, 평화교육자들은 때때로 실천에 옮길 가능성이 거의 없는
멋진 원칙을 채택하는 실수를 저지른다. 우리는 종종 인간 본성에 관한
기본적인 현실을 무시한다. 예컨대, 진화 과학은 이타주의의 근원 및 실
천에 대한 상당한 증거를 제시했다. 우리가 혈통이나 가족에 의해 다른
사람들과 더 밀접하게 연관될수록, 우리는 이타적으로 반응할 가능성이
더 커진다. 배려를 논하면서, 배려가 친밀한 범위 안에서 시작되고 그 바
깥으로 퍼져 나갈 수도 있고, 반대로 그렇지 않을 수도 있음을 지적한
바 있다. 그것이 퍼져 나가는 것은 대개 일종의 공동이익 사슬을 통해
이루어진다.

도덕적 견지에서 상대편이 더 '옳다'고 믿을지라도, 친밀한 내집단이

공격받으면 이에 맞서 싸움을 벌인다는 점은 우리 모두에게 적용된다. 인간관계의 이런 특징들을 칭송할 것은 아니지만 부정할 수는 없다. 우리는 자신에 관한 이런 점들을 직시해야 한다.

그리고 집단들이 혈통이나 국경을 따라 편 가르도록 부추기는 상황을 예방하기 위해, 배려를 중시하는 평화교육자들이 할 수 있는 모든 일을 다 하는 것이 절실히 요구된다. 일단 선이 그어지면, 개인, 집단, 국가 및 세계 수준에서 비극이 필연적으로 뒤따른다. 여러 해 동안 우리는 정정당당하게 싸우고, 정의로운 전쟁을 하고, 적을 인도적으로 대우하는 규칙을 강조해 왔다. 하지만 상황이 심각해지면 이런 규칙들은 무시된다. 인간의 충성에 대한 것을 고려하면, 위와 같은 강조는 가망 없는 일이다. 자기 민족이 힘든 상황에 놓일 때, 우리는 빈번하게 끔찍한 짓을 할 것이기 때문이다.

그래서 배려이론은 물리적 충돌의 방지와 생명 보호에 초점을 맞춘다.[Brock-Utne, 1985; Reardon, 1985; Ruddick, 1989] 우리는 아이들에게 배려 관계를 맺는 것이 무엇을 의미하는지 가르쳐야 하며, 그런 다음 공동이익 순환구조를 통한 배려의 범위를 확대하기 위해 끈질기게 노력해야 한다.

이러한 순환구조를 확립하기 위해서 우리는 지속적이고 조건 없는 대화에 참여해야 한다. 우리는 직업적 또는 사회적 이익으로 연결되는 기술자, 교사, 음악가, 목수, 학생, 예술가들 사이에 대화를 장려할 수 있다. 적이 될 위험에 처한 국가 간에 이러한 대화 그룹을 만드는 것이 필수적이다.[Saunders, 1991] 대화를 통해 주된 논란거리들을 모면할 수 있게 된다. 대화와 공동 프로젝트에서 이루어 낸 공감을 통해 살아 있는 타자에게 신체적 해를 끼치는 것이 생각할 수 없는 일이 될 수 있을 것이며, 비로소 갈등의 지점을 안전하게 다룰 수 있게 된다. 지속적인 대화,

공동 프로젝트, 연결의 사슬을 통해서 우리는 배려의 순환구조를 확대할 수 있다.

참고문헌

Brock-Utne, B. (1985). *Educating for peace: A feminist perspective*. New York: Pergamon Press.

Buber, M. (1970). *I and thou* (W. Kaufmann, Trans.). New York: Charles Scribner's Sons. (Original work published 1958)

Noddings, N. (2002). *Starting at home: Caring and social policy*. Berkeley, CA: University of California Press.

Noddings, N. (2003). *Caring: A feminine approach to ethics and moral education*. Berkeley, CA: University of California Press. (Original work published 1984)

Noddings, N. (Ed.). (2005). *Educating citizens for global awareness*. New York: Teachers College Press.

Noddings, N. (2006). *Critical lessons: What our schools should teach*. Cambridge, MA: Cambridge University Press.

Noddings, N. (2007). Caring as relation and virtue in teaching. In P. S. Ivanhoe & R. Walker (Eds.), *Working virtue: Virtue ethics and contemporary moral problems* (pp. 41-60). Oxford, England: Oxford University Press.

Reardon, B. (1985). *Sexism and the war system*. New York: Teachers College Press.

Ruddick, S. (1989). *Maternal thinking: Toward a politics of peace*. Boston: Beacon Press.

Saunders, H. (1991). *The other walls*. Princeton, NJ: Princeton University Press.

Stiglitz, J. E. (2002). *Globalization and its discontents*. New York: W. W. Norton.

Weil, S. (1977). *Simone Weil reader* (G. A. Panichas, Ed.). Mt. Kisco, NY: Moyer Bell.

11장
군사주의에 대응하는 평화교육

칼 미라(Carl Mirra)

서언

군사주의에 대한 단 하나의 획일적인 정의는 없지만, 몇몇 학자들은 군사주의의 공통적인 특징 일부를 규명했다. 바츠[Vagts, 1981]는 군사주의의 역사에 관한 고전적인 연구에서, 군사주의를 "군사적 방법"과 구별한다. 군사적 방법은 피를 가장 적게 흘리고 특정한 전쟁에서 승리하려는 집중적인 노력일 뿐이다. 반면, 군사주의는 "군대 및 전쟁과 관련되면서도 순수 군사적 목적을 초월하는 위신, 행동, 사상 등" 다양한 가치를 나타내며, "… 그것은 사회 전체에 스며들어 모든 산업과 예술보다 더 우세해진다".[p.13] 베르너 콘체Werner Conze는 군사주의적 태도에 대한 논쟁은 고대로 거슬러 올라갈 수 있지만, 군사주의라는 용어가 처음 나타난 것은 19세기 초 '마담 드 샤트네 회고록'이라고 말한다. 실제로 군사주의는 1869년에 프랑스백과사전에 등장했다.[Berghahn, 1981]

군사주의에 대한 현대의 정의는 정치적, 시민적 생활에 대한 군사적 지배를 명시적으로 의미함으로써 대의 제도에 위협을 가한다고 강조한다. 존슨Johnson, 2004은 군사주의란 "한 국가의 군부가 국가 안보를 달성하는 것보다 제도적 자기 보존을 앞세우는 현상이며, 민간인들에게 남겨 두어야 할 수많은 과제를 장악하는 것"이라고 정의한다.pp. 23-24 에반스와 뉴햄Evans & Newham, 1998도 이와 유사하게 군사주의를 "군사적 가치에 대한 시민사회의 종속"이라고 정의한다.p. 325 위계질서, 복종, 경쟁, 완력과 같은 자질 혹은 가치는 군사주의적인 상황에서 과장되고 숭배된다. 그러나 군사주의는 이념적, 문화적 요소를 포괄하기 때문에 엄밀한 용어가 아니다. 많은 학자들이 군사주의 용어가 시민사회에 군대 정신이 만연하게 하는 가치체계를 수반한다고 주장한다. 전쟁 장난감, 비디오게임, 영화, 군대와 폭력을 찬미하는 일상용품이 군사주의 문화를 영속시킨다.Wahlstrom, 1991 교육 환경에서는 전쟁에 관한 공부에서뿐 아니라 학생들이 성적과 포상을 위해 남들과 투쟁하는 경쟁 환경과 학교 시스템의 위계적 구조에서도 군사주의가 교묘한 모습으로 나타난다.

군사주의는 흔히 인간 본성에 대한 부정적 견해와 국가주의 정부를 연상시킨다. 1930년대 독일, 이탈리아, 일본은 위계질서, 권위, 그리고 상대를 제압하기 위한 무력 사용을 찬미하는 고도로 군사화된 사회였다. 탄돈Tandon, 1989은 노예무역과 수 세기 동안의 유럽 식민주의 및 신식민지주의로 인해 아프리카 대륙에서 군사주의가 급속히 퍼졌다고 주장했다. 군사주의는 또한 1970년대와 1980년대의 많은 중남미 군사정권과 관련이 있었는데, 이들은 안보국가national-security state를 표방했다. 칠레의 아우구스토 피노체트Augusto Pinochet 정권과 이 시기 아르헨티나의 군부정권인 훈타junta가 군사화된 정부의 예이다.

군사주의와 평화교육

평화교육자에게 특히 중요한 것은 군사주의가 대안적 해결책을 희생하면서 무력 사용을 수반한다는 바체비치[Bacevich, 2005]의 논평이다. 그는 사회학자 C. 라이트 밀스[C. Wright Mills]의 "군사 형이상학[military metaphysic]"에 대한 설명에 이어서, 군사주의가 "국제 문제를 군사 문제로 보고 군사적 수단 이외의 해결책을 찾아낼 가능성을 무시하는 경향"을 수반한다고 지적한다.[Mills, 1956, p. 2] 또한 21세기로 접어드는 무렵, 미국 사회에서 군사주의가 발흥하는 것은 주로 국가의 위대함과 군사력을 동일시하는 경향 때문이라고 한다. 부시 2기 행정부의 일방주의적인 선제 전쟁[preemptive war] 독트린도 무력 사용을 우선시함으로써 군사주의에 박차를 가한다.

군사주의는 전쟁의 모습으로만 나타나지 않는다. 전쟁 준비는 군사주의 감성에 엄청난 영향을 준다. 번창하는 전쟁 산업이 군사화된 세계를 확대한다. 주요 강대국만 3만여 개의 핵무기를 보유하고 있는 것으로 추정되며, 21세기 초 전 세계의 군비 지출은 대략 558억 달러였다.[Menon, 2001] 평화연구자들은 군비 지출이 인간의 욕구를 희생시키며 이루어지기 때문에 인간의 욕구가 충족되지 않는 상태에서 일어나는 막대한 군비 지출은 구조적 폭력에 해당한다고 입증했다. 군사주의는 불안정, 불안, 공포를 이용하여 활개를 치기 때문에 교육, 의료 및 관련 욕구로부터 자원을 돌려쓸 수 있게 된다. 세계교회협의회는 인류가 핵전쟁의 재앙은 피했을지 몰라도 영양실조, 교육적 방임, 의료 부족의 재앙은 피하지 못했다고 주장했다.[Reardon, 1982] 이러한 문제는 절실히 필요한 자원을 과도한 군사적 준비로 돌려쓰는 군비 지출에 따라 악화된다. 이런 현상은 1961년 아이젠하워 미국 대통령이 만든 용어인 '군산복합체'와 관련 있다. 아이젠하워 대통령은 민간 군수산업이 정부와 결탁해 "과잉 무기체계"의 "무분별한 추구"를 초래한다고 경고했다.[Roland, 2001, p. 5] 밀스[Mills, 1956]는 군사적 사고방식을 채택한 "권력 엘리트power elite"의 개념을 정립하고 아이젠하워의 개념을 확장하여 어떻게 경제적 우선순위가 사람들을 군사주의적 태도로 몰아가는지 설명했다.

평화교육자들은 냉전 시대의 군사주의와 그에 수반된 군비 경쟁에 각별한 관심을 기울였다. 군축교육은 군사주의와 전쟁 준비가 고조되는 흐름에 대한 대안으로 제시되었다. 2차 세계대전에 이어서, 소련과 미국은 대략 1947년부터 1991년까지 치열한 경쟁을 벌였다. 이 시기는 핵전쟁 위협과 세계적 규모의 전쟁 준비로 활기를 띠었다. 1978년, 유네스코는 군사주의 문화의 개선책으로 "군축교육"을 처음 추진했다. 유엔총회의 제10차 특별총회는 학생들에게 전쟁과 군사주의를 위한 선전에 저항할 수 있는 도구를 제공해야 한다고 주장하면서 유네스코의 군축교육 계획을 장려했다.[UNGA, 1978] 유네스코는 후속 조치로 1979년 군축교육 세계대회를 개최했다. 평화교육 교수인 마그누스 하벨스루드가 이 대회의 발표문을 모아, "현재 발호하는 군사주의와 억압"에 대응하는 『군축교육 이해하기Approaching Disarmament Education』라는 제목의 편집본을 발간했다.[Haavelsrud, 2004, pp. v, 1-2]

군사주의가 가부장제와 관련되어 있다는 리어든[Reardon, 1996]의 논평은 두 개념을 연결하며 평화교육의 지평을 넓혔다. 그녀는 군사주의란 "인간은 천성적으로 폭력적이고 공격적이며 경쟁적"이라는 가정에 기초한 "신념 체계"라고 했다.[p. 145] 군사주의는 시민적 덕성이 군 복무와 합해지거나, 더 일반적으로는 적을 제압하기 위해 권력과 무력을 사용하는 것이 합해진 가치체계이다. 리어든은 군사주의와 성차별이 불가분의 관계에 있음을 파악했다. 직접적인 물리적 폭력의 95%를 남성이 자행한다는 갈퉁Galtung, 1996의 말은 군사주의와 성차별이 상호 연관되어 있다는 리어든의 주장을 뒷받침하는 것 같다. 리어든이 역설하듯, 전쟁 시스템은 가부장제의 핵심 가치를 공유하고 있다. 통제력 상실이나 지배력 유지에 대한 두려움은 성차별과 군사주의에 공통된 정신 상태이다. 가부장제와 전쟁 시스템 모두가 위계질서, 무력, 강제, 그리고 적대적인 상대 또는 경쟁자에 대항하는 자기 보호 집착의 특성을 과장한다. 리어든에 의하면, 평화교육자들이 성차별 문제를 다루지 않고서는 군사주의 문제를 다룰 수 없다.

평화교육은 군사주의의 악영향을 여러 방면에서 반전시키는 것을 목표로 한다. 리어든과 카베주도Reardon & Cabezudo, 2002가 설명한 대로, 평화교육은 개인, 학교 및 국제관계 안에서 갈등 해결 능력을 증진한다. 그 외에, 평화연구자들은 인간 본성은 공격적이고 극히 경쟁적이라고 보는 군사주의적 시각을 넘어서는 인간에 대한 보다 균형 잡힌 시각에 이바지했다고 본다. 1986년 유엔의 '국제 평화의 해'에 저명한 과학자들이 「폭력에 대한 세비야 성명」을 발표했다. 과학자들은 "전쟁이 본능에 의해 발생한다고 말하는 것은 과학적으로 옳지 않다"라고 하면서, "수 세기 동안 전쟁을 하지 않은 문화권이 있다"라고 결론지었다.Wahlstrom, 1991, pp. 30-31 이와 유사한 그로스먼Grossman, 1996의 2차 세계대전 중의 미군 연구에 따르면, 병사의 단지 15~20%만이 그들의 무기를 발포한다고 한다. 또한 이 병사들은 "살인에 대하여 보통은 자각하지 못하는 내면의 저항"을 지니고 있다고 결론지었다.Grossman, 1996, p. 1 평화연구자들은 인간 본성에 대한 비관적인 관념에 대응할 뿐 아니라, 인지된 적을 예속시키려는 군사주의적 정신과 여성에 대한 억압 사이의 연관성을 부각하기 위해 애쓴다.

앞날을 내다보며

몇몇 조직들이 21세기 들어 평화의 문화를 증진하기 위해 노력해 왔다. 유네스코는 2001년부터 2010년까지 "세계 어린이를 위한 평화의 문화와 비폭력을 위한 국제 10년"을 후원했다. 평화와 정의를 위한 헤이그 의제[2000]는 전쟁과 군사주의의 근본 원인을 밝히는 한편 화해의 능력을 빨리 갖추도록 하는 것을 목표로 했다. 평화로운 세상을 만들기 위한 호소의 많은 방책 중, 국가주의적 지상명령 대신에 환경 및 인간의 필요와 관련하여 인간안보를 재정립하는 일과 보편적 인권을 증진하는 일이 있다. 이러한 다양한 노력의 목표는 군사주의 문화를 평화의 문화로 대체하는 것이다.

참고문헌

Bacevich, A. (2005). *The new American militarism: How Americans are seduced by war.* Oxford, England: Oxford University Press.

Berghahn, V. (1981). *Militarism: The history of an international debate, 1861-1979.* Cambridge, England: Cambridge University Press.

Evans, G., & Newnham, J. (1998). *The Penguin dictionary of international relations.* London: Penguin Books.

Galtung, J. (1996). *Peace by peaceful Means: Peace and conflict, development and civilization.* London: Sage.

Grossman, D. (1996). *On killing.* New York: Back Bay Books.

Haavelsrud, M. (2004). Target: Disarmament education. *Journal of Peace Education, 1*(1), 37-57.

Johnson, C. (2004). *The sorrows of empire: Militarism, secrecy and the end of the republic.* New York: Henry Holt.

Menon, B. (2001). *Disarmament education: A basic guide.* New York: United Nations/NGO Committee on Disarmament Affairs.

Mills, C. (1956). *The power elite.* Oxford, England: Oxford University Press.

Reardon, B. (1982). *Militarization, security and peace education: A guide for concerned citizens.* Valley Forge, PA: United Ministries in Education.

Reardon, B. (1996). Militarism and sexism: Influences on education for war. In R. Burns & R. Aspeslagh (Eds.), *Three decades of peace education around the world* (143-160). New York: Garland.

Reardon, B., & Cabezudo, A. (2002). *Learning to abolish war: Teaching toward a culture of peace.* New York: Hague Appeal for Peace.

Roland, A. (2001). *The military-industrial complex.* Washington, DC: American Historical Association.

Tandon, Y. (1989). *Militarism and peace education in Africa: A guide and manual for peace education in Africa.* Nairobi, Kenya: African Association for Literacy Education.

United Nations General Assembly. (1978, June 30). *Final Document of the*

Tenth Special Session of the General Assembly (27th session). New York: United Nations.

Vagts, A. (1981). *A history of militarism* (Rev. ed.). Westport, CT: Greenwood Press.

Wahlstrom, R. (1991, March). *Peace education meets the challenge of the cultures of militarism* (Peace Education Miniprints No. 11). Lund University, Sweden: Malmo School of Education.

12장
인권교육

정의

인권교육은 세계인권선언 및 관련 인권협약으로 합의된 인권에 대한 인식을 증진하기 위한 국제적인 운동이다.국제사면위원회, 2005; Reardon, 1995; Tibitts, 1996 수십 년 전, 유엔과 유엔의 전문기구들은 시민들이 자국 정부가 비준한 문서에 포함된 권리와 자유에 대해 알 권리, 즉 인권교육 자체에 대한 권리를 공식 인정했다.유엔총회, 2005 그 후에 유엔 산하기구, 국제적인 정책 입안 기관, 지역 인권 기관 및 국가 인권 기관이 개발한 수많은 정책 문서가 인권교육을 참조 목록에 달아 놓았으며, 학교교육에서 인권 주제를 다루어야 한다고 분명하게 제안하고 있다.Pearse, 1987[1]

유엔 인권고등판무관실은 인권교육을 다음과 같이 정의한다.

---

1. 1990년대에 인권교육에 관한 몇 가지 중요한 국제 문서들이 정교하게 작성되었다. 세계 인권 및 민주주의 교육 실행계획(Montreal, 1993), 평화, 인권 및 민주주의를 위한 교육 선언 및 통합실행체제(UNESCO, Paris, 1995), 세계인권회의(Vienna, 1993), 유엔인권교육 10년 실행계획 지침1995-2004(1995) 등이 그것이다. 이 문서들에는 국제조약들의 교육 관련 조항들이 언급되어 있으며, 각국 정부에는 협력을 바라는 비공식적인 압력이 가해진다.

지식과 능력을 전수해 주고 인권과 기본적 자유에 대한 존중 강화를 지향하는 태도를 형성함으로써 보편적 인권 문화를 구축하고자 하는 훈련, 보급 및 정보 제공 활동.

(a) 인격과 자존감의 충분한 발달

(b) 모든 국가, 토착민 그리고 인종적, 국민적, 민족적, 종교적 및 언어적 집단들 사이의 이해, 관용, 성평등 및 친선의 증진

(c) 모든 개인이 자유 사회에 효과적으로 참여할 수 있는 것[UN, 1996]

이러한 정의는 학교교육 부문에만 국한되지 않으며, 실제로 유엔은 개인을 위한 "평생 학습" 과정의 요소로서 사회의 모든 부문을 위한 인권교육을 제안한다.[UN, 1996] 여기에 언급된 "인권"은 폭넓게 정의되었으며, 「세계인권선언」은 물론이고 「경제적, 사회적, 문화적 권리에 관한 국제규약」, 「시민적 및 정치적 권리에 관한 국제규약」, 「아동인권협약」, 「여성차별철폐협약」 같은 관련 협약과 규약에 담긴 것을 포함한다.[2] 어느 인권이 학습 상황에서 다루어지는가, 그리고 전 세계적인 인권운동 성장에 따라 어떻게 관심이 늘어나게 되는가도 다룬다.

학교 인권교육의 확대

여전히 발전하고 있는 분야이긴 하지만, 인권교육이 국가교육 시스템뿐 아니라 풀뿌리 수준의 민간단체 활동에서도 점점 늘어나고 있음

---

2. 인권 문서 전부 및 관련된 전반적 논평은 유엔인권고등판무관실 홈페이지(www.ohchr.org)에서 찾아볼 수 있다.

을 보여 주는 근거들이 증가하고 있다.^{Buergenthal & Torney, 1976; Claude, 1996; Elbers,} ^Buergenthal & Torney, 1976; Claude, 1996; Elbers, 2000; 인권교육협회, 연도 미상; 미주인권연구소, 2002 이와 관련한 연구에서는 1980년과 1995년 사이에 인권교육을 전담하는 조직의 수가 12개에서 50개로 4배 증가했음을 보여 주었다.^Ramirez, Suarez & Meyer, 2007 실제로, 인터넷에 존재하거나 국제 사회에서 관계망을 형성한 조직들만 기록되었기 때문에 그 수는 훨씬 더 많을 것이다.

2006년에 국제교육국International Bureau of Education, IBE이 "인권"이라는 용어를 공문서에 언급한 횟수를 조사한 결과, 사하라 이남 아프리카, 동유럽, 구소련, 중남미 및 카리브 지역은 국가별 평균치가 .70, .82, .64로 나타났다.^Ramirez et. al., 2007 흥미롭게도, 아시아와 서유럽, 북아메리카의 경우, 지역 전체의 응답률 범위가 31%에서 74%까지로 근사치이긴 하지만 평균치가 .11로 가장 낮았다.^Ramirez et al., 2007 1996년 보고서는 민간단체와 교육 당국의 협력 활동을 통해 알바니아, 호주, 브라질, 캐나다, 덴마크, 노르웨이, 영국, 우크라이나에서 인권 과목과 주제가 국가 교육과정에 도입되었음을 보여 주었다.^Kati & Gjedia, 2003; Tibitts, 1996 국제교육국의 연구와 다른 비공식 자료들은 그 시기 이후로 공인된 정규 교육과정에 인권을 포함하는 교육 시스템이 상당히 늘어났음을 확인했다.

전 세계적으로 교실과 학교에서 사용할 수 있는 수백 개의 인권 관련 교재가 개발되었으며, 이들 중 많은 교재가 인터넷에서 무료로 널리 이용되고 있다. 인권교육협회의 온라인 리소스 센터^http://www.hrea.org/index.php?base_id=101&langua ge_id=1가 좋은 예이다. 또한 인권교육 자료의 목록과 서술형 데이터베이스는 유엔 관련 기관뿐 아니라 주요 인권단체를 통해 이용할 수도 있다.^국제사면위원회, 2005; 유럽회의, 연도 미상; 유엔총회, 2005; 인권교육협회, 연도 미상

같은 기간 동안, 전통적으로 인권교육에 앞장섰던 민간단체들도 함

께 모여서 각자의 활동과 다른 단체와의 협력에 영향을 주는 인권교육 실행 방안을 개발했다.국제사면위원회, 1996; 네덜란드 헬싱키위원회, 1996 지난 5년 동안에 국가별·지역별 인권교육 네트워크가 세계 각지에 세워졌다.인권교육협회, 연도 미상 2005년, 유엔 인권고등판무관실은 '유엔 인권교육 10년UN Decade for Human Rights Education 1995-2004'이 끝나면서, 각국 정부로부터 개선된 협력을 그리고 유엔 기구들로부터 공통된 지원을 끌어낼 것을 약속하는, 계속적이고 더욱 집약된 '인권교육을 위한 세계 행동 프로그램Plan of Action World Program for Human Rights Education: UNGA 2005'을 내놓았다.Amnesty International, 2005 세계 프로그램의 첫 단계는 학교에서 인권교육을 촉진하는 데 초점을 맞추고 있다.

인권교육의 근거

인권교육의 규범적 틀은 개괄적이며 잠재적 학습자가 광범위하기 때문에 인권교육을 실행해 온 방식에 다수의 변화가 생겼다. 인권교육은 국제(때로는 지역) 표준의 보편적인 틀에 의해 정의되긴 하지만, 구체적인 주제와 그 적용은 지역 및 국가의 상황에 따라 달라진다.

분쟁 후 국가 또는 탈식민 국가의 경우, 인권교육은 법의 지배 그리고 정통성을 확보하려는 정부 당국과 연관되는 경향이 있다. 심한 차별을 경험하는 집단들 사이에서 그리고 억압적이고 비민주적인 국가에서는 인권교육이 민중의 역량 강화와 문제에 대한 저항에 초점을 맞추는 경향이 있다. 민주적이지만 발전에 어려움을 겪는 국가에서 인권교육은 지속가능한 발전 내에 인권 원칙이 스며들게 하는 방향으로 추진될 수 있다.Yeban, 2003 강력한 민주주의와 경제발전을 누리는 국가의 인권교육은 종종 이주민, 소수민족, 여성 등과 관련된 차별 문제에 초점을 맞춘다. 물론 어느 시대 어느 나라에서든, 인권교육은 프로그램의 맥락에 따라 각기 다른 형태와 목적을 취할 수 있다.

1990년대 이후 학교에서 인권교육의 확산을 위해 몇몇 해설이 제안되었다. 그중 하나는 여전히 정의되고 있는 용어인 세계화와 관련 있는데, 이는 "세계시민성과 이에 요구되는 개인의 행위주체성에 대한 강한 긍정"을 강조하는 용어로 인식하는 것이다.Ramirez et al., 2007, p. 36 더욱이, 정부는 학교가 사람들 사이의 존중, 민주적 협치governance, 자립적인 시민사회를 진흥할 것을 점점 더 요구하고 있다.

민주시민성은 지역 인권기구들에 의해 "다양성 관리"의 한 방법으로 여겨져 왔으며, 인권교육과 함께 발칸반도에서의 「그라츠 안정화 협약」 같은 프로세스의 한 요소가 되었다.유럽회의, 2001; South House Exchange, 2004 현대의 유럽에서는 인권교육을 포함한 민주시민교육이 사회통합을 증진하고 폭력, 외국인 혐오, 인종차별, 편협성 및 공격적 국가주의를 퇴치하는 데 청년들이 참여하도록 촉진하는 방법으로 여겨진다.Froumin, 2003

1978년 이미 유네스코가 인권교육을 추진했지만, 이는 군축과 연관되었다.UNESCO, 1978 2005년 인권교육은 정부 간 차원에서 개발 및 빈곤, 종교의 자유, 전반적인 세계화 등 다양한 세계적 현상과 연계되었다.UNESCO, 2005 유럽의 지역 인권기구인 유럽회의는 종교교육에 대해 '윤리'와 '인권' 기반 접근법을 취하는 '종교의 문화' 과목 개발에 힘을 쏟고 있다. 이는 세르비아-몬테네그로에서처럼, 분열과 민족국가주의ethnic nationalism의 근원이 될 수 있는 종교 수업을 지금도 필수과목으로 하는 정부들에게 대안을 제공한다.Tibbitts, 2003

여러 국가와 지역의 민간단체들은 주기적으로 회의를 열어 세계적인 도전에 인권 틀을 적용하기 위한 전략을 찾고 있다. 세계인종차별철폐회의World Conference against Racism와 협력하여 조직한 심포지엄이 2001년 남아프리카공화국에서 열렸는데, 여기서는 학교의 인권교육을 인종차별 철폐를 위한 핵심 전략으로 지목했다.Flowers, 2001

인권교육의 교수법

1995년 이후, 유엔과 다른 기관들은 연구를 통해 인권교육이 지식, 능력, 태도로 구성됨을 명확히 했다. 연구에서는 이 요소들이 공인된 인권 원칙과 일치해야 하고 개인과 집단이 억압과 불의에 대항하는 역량을 갖추도록 해야 한다는 점을 분명히 했다.국제사면위원회, 2007; 아시아태평양지역 인권교육 지원센터, 2003

인권교육은 규범적 차원과 법적 차원을 모두 지니고 있다. 법적 차원에서는 세계인권선언과 각국이 서명한 조약 및 협정에 들어 있는 국제 인권 기준에 관한 내용 공유를 포함한다. 이러한 기준은 사회적, 경제적, 문화적 권리뿐 아니라 시민적이고 정치적인 권리도 아우른다. 최근 몇 년 동안, 이 진화하는 틀에 환경적이고 집단적인 권리가 추가되었다. 이러한 법 지향 접근법은 인권 의무를 규정한 조문 자체와 그 정신을 정부가 확실히 지키도록 하는 데에서 감시와 책임성이 중요하다고 인식한다.

동시에, 인권교육은 규범적이고 문화적인 사업이기도 하다. 인권교육의 과정은 개개인에게 자기의 삶과 현실을 변화시킬 수 있는 능력과 지식, 동기를 제공하여 그들이 인권 규범 및 가치관을 더 일치시키도록 하는 것을 목적으로 한다. 이에 따라 대화형 학습자 중심 방법이 널리 추구된다. 인권교육 옹호자들이 권장하는 대표적인 교수법은 다음과 같은데, 이는 모든 유형의 인권교육에 적용할 수 있지만, 대중적인 성인교육 학습 모델에서 가장 종합적으로 실행되고 있다.

- 체험 및 활동 중심: 학습자에게 사전 지식을 준비시키고 학습자의 경험과 지식을 끌어내는 활동을 제안한다.
- 문제 제기: 학습자의 사전 지식에 의문을 제기한다.
- 참여적 방식: 개념을 명확히 하고, 주제를 분석하며 활동을 수행하는 전반적 과정에서의 집단적 노력을 장려한다.
- 변증법적 방식: 학습자가 자신의 지식을 다른 출처의 지식과 비교하도록 요구한다.
- 분석적 방식: 학습자에게 상황이 왜 그러한지, 어떻게 그렇게 되었는지에 대해 생각해 보라고 요청한다.
- 치유: 개인의 내면과 대인관계에서 인권을 증진한다.
- 전략적 사고 지향: 학습자가 자신의 목표를 설정하고 이를 달성하는 전략적 방법을 생각해 내도록 안내한다.
- 목표 및 행동 지향: 학습자가 자신의 목표와 관련된 행동을 계획하고 조직하도록 허용한다.[ARRC, 2003]

학교 환경에서 인권교육은 학습자의 나이, 국가/지방의 교육정책과 학교의 조건에 맞게 조정된다. 인권교육을 위한 발달 관련 개념 틀은 유엔과 몇몇 민간단체가 개발해 왔다. 이러한 틀은 무엇을 공유하는지 그리고 사회정의 같은 가치를 다루는 다른 교육적 접근에 무엇을 더해 주는

지 분명히 보여 주면서 인권교육의 목표 설정에 도움을 준다.

학교 교육과정의 인권 주제 및 내용은 교육정책에 의해 위임된 비교 문화적 주제의 형태를 취하거나 역사, 시민교육, 사회과, 인문학 같은 기존 교과목에 통합될 수도 있다. 또한 인권교육은 학교에서 열리는 예술 프로그램, 동호회 및 특별 행사에서도 찾아볼 수 있다.

인권교육은 학교 외에도 종종 고등교육 환경에서, 경찰·교도관·군인·사회복지사와 같은 전문직 종사자를 위한 연수 프로그램에서, 여성과 소수자 같은 잠재적 취약 집단을 위한 훈련 프로그램에서, 지역사회 개발 프로그램의 일부로서, 그리고 공공의식 캠페인에서 이루어진다.

인권교육의 발전과 미래

인권교육 분야는 지속적인 발전과 진화의 조짐을 보인다. 국제적 수준에서 유엔 기구들이 각국 정부에게 인권교육에 대한 공식적인 실행 계획을 마련하고 조약에 근거한 정기 보고서의 일환으로 자국 내 인권교육 활동에 대한 보고서를 제출하라고 계속 독려하고 있다. 국제적인 그리고 국가적인 교육자 네트워크, 기관과 단체들이 인권교육 및 학습의 내용, 표준, 방법론 등에 관해 자료 공유와 대화를 계속하고 있다. 현재 이 분야에 대한 연구가 드물긴 하지만, 점차 증가하고 있다.

교육 부문 내에서 문화적 세계화를 위한 윤리적 틀로서 인권 규범이 점점 더 많이 제안되고 있다. 인권 부문 내에서는 유엔이 모든 개발 프로그램을 위해 주창한 '인권 기반 접근법'이 교육 부문으로 흘러가기 시작했다. 그리하여 일차적으로 교수-학습에 주력해 온 인권교육이 결국에는 학교교육에 대한 종합적인 "인권 기반 접근법"으로 간주될 수 있게 되면서, 인권 가치와 관련된 학교문화 전반, 정책 및 관행에 주목하게 되었다.

[표 12.1] 방법론: 발달단계별 인권교육의 개념적 틀

단계	목표	주요 개념	구체적 인권 문제	교육 기준 및 관련 문서
유아기 미취학 및 초등 저학년 3~7세	자아 존중 부모와 교사 존중 타인 존중	자아 공동체 책임감	인종차별 성차별 불공정성 상해 (정서적, 신체적)	학급 규칙 아동·청소년 권리협약
후기아동기 초등 고학년 8~11세	사회적 책임 시민성 권리에서의 결핍과 욕구에서의 결핍 구별하기	개인 권리 집단적 권리 자유 평등 정의 법치 정부 안보 민주주의	차별/편견 빈곤/기아 불의 자민족중심주의 수동성	세계인권선언 인권의 역사 지방 및 국가의 사법제도 인권 관련 지방 및 국가의 역사 유네스코 유니세프
사춘기 중학생 12~14세	구체적 인권에 대한 지식	국제법 세계 평화 세계 발전 세계 정치경제학 세계 생태학 법적 권리 도덕적 권리	무지 무관심 냉소주의 정치적 탄압 식민주의/제국주의 경제적 세계화 환경 악화	유엔 인종차별철폐협약 유엔 여성차별철폐협약 지역별 인권협약, 유엔난민고등판무관실 (UNHCR) 시민사회단체들
후기사춘기 및 성인 고등학생 이상 15세 이상	인권 기준에 대한 지식 개인의 의식과 행동에 인권을 통합	도덕적 포용/배제 도덕적 책임/문해력	집단(종족) 학살 고문	제네바협정 인권 기준을 진전시킨 전문적 협약들

출처: Flowers, 1998.

참고문헌

Amnesty International. (1996). *Human rights education strategy.* Retrieved May 18, 2001, from http://www.amnesty.org/ailib/aipub/1996

Amnesty International. (2005, August 14-20). Human rights education: Building a global culture of human rights. *Developed for 27th International Council Meeting, Circular 25,* 13-14.

Amnesty International. (2007). *What is human rights education?* Retrieved March 17, 2007, from www.amnesty.org

Asia-Pacific Regional Resource Center for Human Rights Education. (2003). What is human rights education. In *Human rights education pack* (pp. 22-23). Bangkok, Thailand: AARC.

Buergenthal, T., & Torney, J. V. (1976). *International human rights and international education.* Washington, DC: U.S. National Commission for UNESCO.

Claude, R. P. (1996). *Educating for human rights: The Philippines and beyond.* Quezon City, Philippines: University of the Philippines Press.

Council of Europe. (2001). *Education for democratic citizenship and management of diversity in Southeast Europe* (DGTV/EDU/CTT: 30). Strasbourg, Austria: Council of Europe.

Council of Europe. (n.d.). *Web site.* Retrieved November 6, 2007, from http://www.coe.int/

Elbers, F. (Ed.). (2000). *Human rights education resource book.* Cambridge, MA: Human Rights Education Associates.

Flowers, N. (Ed.) (1998). *Human rights here and now: Celebrating the Universal Declaration of Human Rights.* Minneapolis, MN: Amnesty International USA and University of Minnesota Human Rights Resource Center.

Flowers, N. (2001, August). *Report.* Unpublished report presented at the Human Rights Education Symposium, Durban, South Africa.

Froumin, I. (2003). *Education for democratic citizenship activities 2001-4.*

All-European study on policies for education for democratic citizenship (EDC) regional study Eastern Europe Region (DGIV/EDU/CIT (2003) 28 rev). Strasbourg, Austria: Council of Europe.

Human Rights Education Association. (n.d.) *HREA Web site*. Retrieved November 6, 2007, from http://www.hrea.org/

Inter-American Institute of Human Rights. (2002). *Inter-American report on human rights education, a study of 19 countries: Normative development*. San Jose, CA: IIDH.

Kati, K., & Gjedia, R. (2003). *Educating the next generation: Incorporation human rights education in the public school system*. Minneapolis, MN: New Tactics in Human Rights Project.

Netherlands Helsinki Committee. (1995, October). *Human rights education: Planning for the future*. Soesterberg, the Netherlands: Netherlands Helsinki Committee.

Pearse, S. (1987). *European teachers' seminar on "human rights education in a global perspective."* Strasbourg, Austria: Council of Europe.

Ramirez, F. O., Suarez, D., & Meyer, J. W. (2007). The worldwide rise of human rights education. In A. Benavot & C. Braslavsky (Eds.), *School knowledge in comparative and historical perspective: Changing curricula in primary and secondary education* (pp. 35-52). Hong Kong: Comparative Education Research Centre and Springer.

Reardon, B. (1995). *Educating for human dignity*. Philadelphia: University of Pennsylvania Press.

South House Exchange. (2004). *Education for peace, human rights, democracy, international understanding and tolerance. Report of Canada*. Prepared for The Council of Ministers of Education, Canada in collaboration with the Canadian Commission for UNESCO.

Tibbitts, F. (1996). On human dignity: A renewed call for human rights education. *Social Education, 60*(7), 428-431.

Tibbitts, F. (2003, July 7-8). *Report from the United Nations Office of the High Commissioner sub-regional meeting on human rights education in Southeastern Europe*. Skopje, Macedonia: United Nations.

United Nations. (1996). *International plan of action for the decade of human rights education*. Geneva, Switzerland: United Nations.

United Nations. (1996). *Report of the United Nations High Commissioner for Human Rights on the implementation of the Plan of Action for the United Nations Decade for Human Rights*. Retrieved November 6, 2007, from http://www.unhchr.ch/huridocda/huridoca.nsf/(Symbol)/A.51.506. Add.1.En?OpenDocument

United Nations General Assembly. (2005). *Draft plan of action for the first phase (2005-2007) of the proposed World Programme for Human Rights Education* (A/59/ 525). New York: United Nations.

UNESCO. (1978). *Final document: International Congress on the Teaching of Human Rights*. SS-78/Conf.401/Col. 29. Vienna, Austria.

UNESCO. (2005). *The plan for action for 2005-2009 in brief, the World Programme for Human Rights Education*. Retrieved November 6, 2007, from http://www.ohchr.org/english/issues/education/training/docs/Planof Actioninbrief_en.pdf

Yeban, F. (2003). Building a culture of human rights: Challenge to human rights education in 21st century. In *Human rights education pack* (pp. 28-31). Bangkok, Thailand: ARRC.

13장
세계시민교육

린 데이비스(Lynn Davies)

서론: 정의 및 쟁점

이 글은 세계시민교육의 본질과 그것이 어떻게 평화교육의 일부가 될 수 있는지를 살펴본다. 이는 논쟁의 여지가 있는데, "세계시민성global citizenship"의 정의에 대해 논란이 있기 때문이다. 또한 어떤 종류의 교육이 누군가를 세계시민이 되도록 준비시키는가에 관한 질문도 논쟁적이다. 우리가 한 국가의 시민이라는 점에서 세계의 시민이 될 수는 없다(또는 늘어나는 무국적 소수자들이 그렇게 되고 싶은 것이다). 그렇다면 세계시민성은 허구인가, 역설인가? 과연 이것이 오늘날 청년들에게 의미가 있는가?

1970년대부터 전 세계 학교와 대학에서 세계교육global education이나 세계학이 주창되고 또 실천되고 있지만, 세계시민교육은 비교적 새로운 개념이다. "시민성"을 세계교육에 끼워 넣는 것은 이전의 구상과는 다른, 혹은 그 이상을 함축한다. 게다가 단순히 더 많은 정보가 있는 지역의 시민교육이 세계시민교육인가라는 의문이 생긴다. 사실, 세계시민교육은 '국제적 인식'에 초점을 맞춘 세계교육에 대한 최소의 해석 또는 전인적인 개인보다는 사회정의와 직접 관련되는 경우가 보통이다. 또한 세계시민교육은 세계 시스템 안에서 경제에 적극적이고 기술에 정통해지는 것에 관한 것만도 아니다. 시민성이 권리와 책임, 의무와 자격, 그리고 세계교육에서 분명하지 않은 개념들에 영향을 미친 것은 확실하다. 정서와 다중정체성은 누구나 손쉽게 가질 수 있다. 따라서 시민성은 적극적인 역할을 내포한다.

영국에서 결성된 국제 빈민구호단체인 옥스팜Oxfam의 『세계시민성 교육과정』1997은 "세계시민"을 이렇게 정의했다.

- 더 넓은 세상을 인식하고 세계시민으로서 자신의 역할에 대한 의식을 가진다.
- 다양성을 존중하고 가치 있게 여긴다.
- 세계가 경제적, 정치적, 사회적, 문화적, 기술적, 환경적으로 어떻게 돌아가는지 이해한다.
- 사회적 불의에 분노한다.
- 더 공평하고 지속가능한 세상을 만들기 위해 기꺼이 행동한다.
- 지역에서 세계까지 다양한 수준의 공동체에 참가하고 공헌한다.[p. 1]

이 정의에서 우리는 공감만으로 충분하지 않음을 알게 된다. "분노"가 있어야 한다. 그래야 변화에 대한 동기부여가 높아진다. 이것은 가르치고 배우는 데 깊은 영향을 미치며, 내용에 관한 지식과 시험 통과에 얽매인 현행 교수법의 철학과는 잘 어울리지 않을 수도 있다. 마찬가지로 세계가 어떻게 돌아가는지에 대한 포괄적인 이해와 적극적인 참여를 위한 교육과정의 요건도 충족하기 힘들 것이다. 이때는 형식 교육이나 폭넓은 지식을 접할 기회, 혹은 국제활동에 참여할 기회가 없는 저소득 국가의 한 개인에게 '세계시민'이라는 호칭을 부여할 수 있는가에 대한 문제가 제기되기도 한다. 누군가는 어떤 면에서 단지 세계에 산다는 이유만으로 우리 모두 세계시민이라고 주장할 수 있다. 하지만 평화를 도모하는 세계시민교육은 이보다 더 많은 것을 분명하게 요구한다.

결정적이지만 해결되지 못한 과제는 사람들이 어떻게 "세상을 더 공평하고 지속가능한 곳으로 만들기 위해 행동할 수 있는가"에 관한 것이다.Oxfam, 1997, p. 3 예컨대 이라크전쟁으로 마비된 느낌을 받은 많은 사람이 침략에 반대하는 대규모 행진, 청원 서명, 편지 보내기 등에 참여하고, 소위 민주 사회에 살면서 근본적으로 정의롭지 않은 정부의 행동 방침을 도저히 바꿀 수 없다는 좌절을 경험했다고 하더라도, 옥스팜이 정의한 세계시민의 "적극적" 역할에 주목할 필요가 있는 것이다.

그리피스Griffiths, 1998가 다양한 국제 민간단체를 특징짓는 '공유된 의제'에 대해 개략적으로 설명했다. 그는 세계시민성이 국경의 인위성을 초월하고 '지구'를 인류의 공동 보금자리로 간주한다고 말한다. 그가 보기에, 사람들을 하나로 묶는 공통의 정체성은 주로 문화적, 국가적, 정치적, 시민적, 사회적, 경제적인 것이 아니라 윤리적인 것이다. 세계시민성은 권리, 책임 및 행동에 기초한다.

> 세계시민의 모습은 다음과 같다. 자신의 권리를 인식할 뿐 아니라 그에 따라 행동하기를 원하고 또 그렇게 할 수 있다. 그리고 자율적이고 탐구적인 비판 성향이 있다. 또한 사회정의와 인간의 존엄성에 대한 윤리적 관심으로 조절된 의사결정과 행

동을 한다. 그래서 자기의 행동을 통해 "자아의 행로"를 통제하고 확장할 수 있으며, 사회 복원을 위한 시민적 의무감을 가지고 일생을 통해 공동이익과 공공복지에 기여한다.^{Griffiths, 1998,} p. 40

중요한 점은 학생들에게 시민의 권리를 부여해야 하고, 그들이 시민성 안에서 혹은 그에 관해 교육받는 것이 아니라 시민 자격으로, 시민으로서 교육받아야 한다는 것이다. 이는 교사가 학생보다 더 많은 권리와 책임을 갖는 종래의 관행과는 다른 학내 기풍을 의미한다.

오슬러와 스타키는 다양한 문헌에서, 전체 국제사회가 채택한 국제 인권선언들이 세계적 문제에 관한 판단과 타자의 인권을 존중할 암묵적 책임을 판단하는 데 사용할 수 있는 공통의 보편 가치를 제시한다고 주장한다.^{Osler & Starkey, 2000 참조} 이는 국제 인권협약들에 대한 인식 증가나 언론의 관심이 세계시민성을 둘러싼 담론에 영향을 미친 것으로 보인다. 그러나 국제 인권협약들이 인권을 "보장"하기 위한 것이긴 하지만, 여전히 국가 또는 지역 수준에서 주로 입법화되는 점을 인정해야 한다. 국제 협약이 다양한 국가 법률에 어떻게 반영되는지 또 어디에 틈새나 허점이 있을 것인지 알기 위해서는 세계시민교육에도 법적 지식이 요구된다.

세계시민성에서 중요한 쟁점 중 하나는 "문화"를 어떻게 취급하느냐이다. 문화적 통합에 대한 논의에 종종 "자신의 문화"와 "타자의 문화"라는 언어가 나오지만, "우리"와 "그들"이라는 개념은 이중 또는 혼성 정체성과 이주의 세계에서 더욱 복잡해진다. 인권의 틀 아래서, 문화적 실천이 사회 구성원 일부의 권리를 침해하게 될 때 '타자'에 대한 존중이 문제화되는데, 적어도 이 지점에 대한 논쟁이 있어야 한다. 오슬러

Osler, 2000가 언급하기를, 문화적 다원주의가 모든 문화에 대한 개방성을 제기하지만,

> 개방성은 제시된 어떤 입장도 수용하는 것을 의미하지 않으며, 대신에 어떤 입장을 취하든 그 이유에 대한 진실한 청문 기회를 기꺼이 제공하는 것을 의미한다. 문화적 다원주의가 요구하는 존중은 비판적 존중이다. 비판은 실제로 이루어져야 한다. 결과는 보장할 수 없다.p. 56

즉, 분노의 문제와 더불어, 국가 교육과정과 평가지침이 있는 나라의 교사들에게 비판적 존중은 불편할 수도 있다. 왜냐하면 비판적인 논쟁의 결과가 보장되지 않기 때문이다.

문화는 단순히 기원에 관한 것만이 아니라 현재의 연관성, 국제무역 및 경제에 관한 것이기도 하다. 어떤 사람은 우리가 좋아하든 싫어하든 모두가 세계시민이 되고 있다고 주장한다. 국제 협약의 확산은 우리에게 공통의 권리와 자격을 주지만, 다른 한편으로 무역의 세계화와 경제력 집중이 이러한 권리 일부를 잠식할 수도 있다. 세계화는 무역, 기술, 미디어, 사회조직 및 문화가 다양한 영향을 미친다는 측면에서 위협이자 기회라고 볼 수 있다. 브라운리Brownlie, 2001에 따르면,

> 세계시민성은 지속가능한 발전, 분쟁 및 국제무역같이 중요하지만 외견상 복잡한 "세계적 문제"에 관하여 배우는 것 그 이상이다. 그것은 우리 모두의 삶, 지자체와 공동체에 존재하는 지역 문제들의 세계적 차원에 관한 것이기도 하다.p. 2

이제는 익숙한 "지역적으로 행동하고 세계적으로 사고하라"라는 슬로건은, 현실과 괴리되거나 추상화된 개념일 수 있는 세계시민성의 일부 문제점을 극복하려는 시도이다. 이는 국제적인 촘촘한 연결망으로 인해 (예를 들어 지구온난화의 원인이 되는 선택 또는 환경오염과 관련된) 지역적인 행동에 광범위한 영향을 미칠 수 있다는 생각이다.

평화교육과의 연계

"다중정체성multiple identities"개념에는 우리의 개인 정체성에, 그리고 더욱 중요하게는, 신의에 다양한 문화적 측면이 있다는 의미가 내포되어 있다. 하지만 지금 당연시되는 이 개념이 실제로 그 의미를 상실할 위험에 처해 있다. 다중정체성은 사람들이 "자연히" 가지고 있거나, 획득하거나, 혹은 애써 가지려는 것일까? 적개심의 불길을 부채질하고 갈등을 일으키기 위해서는 한두 명만 있으면 된다는 것은 의미심장하다. 하지만 평화와 안보를 성취하기 위해서는 다중정체성 개념을 편하게 받아들이고, 함께 일할 수 있을 만큼 공통점이 충분한 사람들이 광범위하고 강력하게 결속할 필요가 있다. 이 집단들이 다양성을 가지고 일하는 방법을 찾을 것이다.

세계시민 정체성에는 첫째, 갈등과 평화는 좀처럼 국경선 안에 국한되지 않는다는 인식, 둘째, 안정된 사회조차 자동적으로든(불개입을 선택하든) 또는 적극적으로 공격하고 침략하든 다른 곳에서의 전쟁에 연루된다는 인식이 담겨 있다. 흔히 쓰는 말로 세 번째 혹은 중간 차원의 인식을 추가할 필요가 있는데 그것은 "지역적으로 행동하고, 국가적으로 분석하고, 세계적으로 사고한다"이다. 예를 들어, 이주는 세계적인 현상이다. 그러나 이주민, 난민, 그리고 망명 신청자에 대한 국가 정책은 지역에 큰 영향을 미친다. "다중정체성"과 "역동적인 문화"에 대한 우리의 수용 태세는 얼마나 굳건한가? 지역의 문화와 경제를 위협한다고 여겨지는 사람들의 권리를 지켜 줄 행동에 나설 준비가 얼마나 되어 있는가? 자기 집 뒷마당이나 지역 학교에 있는 사람 중 누구를 시민으로 간주하겠는가? 이런 질문들에 답을 찾는 것이 세계시민교육의 진정한 시험대일 것이다.

세계시민교육에 관한 영국의 교사와 학습자의 요구사항을 조사한 연구Davies, Harber & Yamashita, 2004에서, 청년들이 관심을 가진 지배적인 이슈는 전쟁이었다. 이것은 어떤 역사 속의 전쟁이 아니라 현재의 갈등이었다(구체적으로 말해, 그 당시의 이라크전쟁). 학생들은 전쟁의 원인, 증오의 이유, 영국의 개입 이유를 알고 싶어 했다. 그들은 많은 교사가 다문화 교실에서 민족 간 긴장을 고조시킬 것을 우려하여 이 주제를 회피한다고 느꼈다. 하지만 청년들은 언론 매체가 편파적이거나 피상적인 견해를 전달할 수도 있음을 알고 있었고, 분쟁에 대한 더 깊은 이해를 제공하는 것이 학교의 역할이라고 느꼈다.

이 연구에서 나온 또 다른 요점은 행동주의activism에 대한 학교의 태도에 관한 것이었다. 앞서 논의한 바와 같이, 적극적 시민성 교육의 논리는 학교가 청년들에게 필요성을 느꼈거나 불의에 분노했을 때 정치적 행동을 하라고 장려해야 한다는 것이다. 그런데 대부분 학교가 그러한 개입을 경계하고 있다. 영국에서는 이라크전쟁에 반대하는 행진에 참여하기 위해 결석한 일부 학교의 학생들이 처벌받거나 무단결석자로 낙인찍혔다. 어떤 시민성 교육이든 핵심 과제는 학생들에게 투표뿐 아니라 지역 공동체 또는 세계 공동체를 개선하기 위한 행동을 통해서도 정치에 참여하는 성향을 키워 주어야 한다.

따라서 평화를 위한 세계시민교육은 "관용"이나 "서로에게 잘해 주기"를 당연시하는 밋밋한 다문화주의가 아니라 고도의 정치교육일 것이다. 여기에는 지식, 분석, 능력, 행동이라는 네 가지 상호 관련된 요소가 있다. 첫째는 세계정세, 경제, 국제관계에 대한 지식이다. 둘째는 언론, 종교적 메시지, 독단, 미신, 증오 문건, 극단주의 및 근본주의를 비판적으로 분석하는 능력이다. 셋째는 설득, 협상, 로비, 선거운동, 시위와 같은 정치적 능력이다. 넷째는 공동행동 성향인데, 오늘날에는 공동행동이 통신 기술을 통한 네트워킹, 웹 사이트 개설, 평화를 위해 일하는 청년들의 국제포럼 참가 등으로 이루어진다. 이것들은 모두, 갈등의 원인과 결과를 이해하고, 급진 단체에 가입하지 않으며, 전쟁을 일으키는 정치인을 투표로 몰아내고, 증오를 설파하는 종교 지도자를 지지하지 않으며, 더욱 강한 평화를 위해 타자와 함께 그들의 목소리를 내기도 하는 능동적인 세계시민을 길러 낼 수 있는 교육, 즉 평화를 위한 견고한 세계시민교육에 필수적인 구성 요소이다.

참고문헌

Brownlie, A. (2001). *Citizenship education: The global dimension, guidance for key stages 3 and 4*. London: Development Education Association.

Davies, L., Harber, C., & Yamashita, L. (2004). *The needs of teachers and learners in global citizenship* (Report of DFID funded project). Birmingham, England: Centre for International Education and Research.

Griffiths, R. (1998). *Educational citizenship and independent learning*. London: Jessica Kingsley.

Osler, A. (2000). *Citizenship and democracy in schools: Diversity, identity, equality*. Stoke on Trent, England: Trentham.

Osler, A., & Starkey, H. (2000). Citizenship, human rights and cultural diversity. In *Citizenship and democracy in schools: Diversity, identity, equality*. Stoke, England: Trentham.

Oxfam. (1997). *A curriculum for global citizenship*. Oxford, England: Oxfam.

4부

평화교육의 틀과
새로운 방향

지금까지 평화교육의 기원과 현재의 모습을 형성해 온 핵심적인 생각들은 무엇인지, 그리고 이 분야의 학자와 실천가의 통일된 이해는 무엇인지에 대해 알아보았다. 4부에서는 향후 나아갈 길에 관한 대화에 참여하기 위해 학문적 틀과 미래지향적 개념들을 살펴본다. 사회들은 더욱더 연결되어 가지만, 갈수록 불평등해지고 있다. 여기서 평화교육이 직접적 폭력과 구조적 폭력의 징후를 다룰 수 있는 연구와 실천을 제공하는 역할을 할 수도 있다. 4개의 장에서 지금까지의 평화교육 발전과 바람직한 미래 전망을 바탕으로 연구자와 실천가들에게 제안하고자 하는 내용을 소개한다.

숙고해야 할 질문

• 학교는 청소년이 사회의 규범에 맞추어 사회화되는 하나의 장소이다. 학교에서 실천되는 평화교육의 장점과 한계는 무엇인가? 그리고 평화교육을 펼칠 수 있는 다른 장은 어디인가?

• 이 책에 소개된 글에서는 미래에 대한 논의에 상당한 관심을 보였다. "미래" 관점은 평화교육의 형식, 내용과 교수법에 어떻게 영향을 미치는가?

• 갈등 후 상황에서 "통합"의 필요성은 인권 유린에 대한 사법 정의의 필요성과 어떻게 상호작용하는가? 두 관점은 어느 정도까지 양립할 수 있는가? 어떻게 하면 정의와 평화가 모두 증진하는 방식으로 공존할 수 있을까?

14장
비교교육, 국제교육 그리고 평화교육

로빈 J. 번스(Robin J. Burns)

서론

비교교육과 국제교육은 교육 연구 및 이론화가 결합된 학문 분야이다. 구분이 엄격한 것은 아니지만 비교교육이 "학문적, 분석적, 과학적 측면"을 더 많이 포함하는 반면, 국제교육은 "협력, 이해 및 교류 요소"와 관련되어 있다.^{Rust, 2002, p. iii}

비교교육

이 분야는 명확히 정의되지 않았다. 다만 "비교"라는 개념이 하나 이상의 대상에 관한 연구를 함축하며, 국가 교육 시스템이 형성되고 있던 시기에 비교교육이 생겨났기 때문에 기본 연구 단위는 국민국가였다. 초기 비교교육학자인 칸델^{I. L. Kandel, 1933}은 "전반적으로 교육의 목적과 문제가 대부분의 국가에서 어느 정도 비슷해졌다. 해결 방안은 전통의 차이와 각국의 고유한 문화로부터 영향을 받는다. 비교교육학자의 과제는 국가 교육 시스템의 성격을 결정짓는 정치적, 사회적, 문화적 힘에 비추어 초중등 보편교육의 의미를 토론하는 것"이라고 말했다.[p. xi] 물론, 이 분야는 모든 수준의 형식 교육과 비형식 교육을 포함한다. 그런데 칸델은 방법론적으로 논란의 여지가 있었을 것뿐만 아니라[Rust, 2001], "중심" 국가의 교육 시스템을 "주변" 국가에 부적절하게 전이하여 발생한 결과에 대해 최근 비판받아 온[Ball, 1998; Crossley & Jarvis, 2001; Jones, 1998; Tikly, 2001; Zachariah, 1979] 부분인 목적과 본질, 그리고 시스템을 어떻게 구체적으로 비교할 것인가에 대해서는 구체화하지 않았다. 비교교육학회지에 게재된 연구물 중 다중 시스템에 대한 연구는 전체 연구물의 33% 미만이다.[Rust, Soumaré, Pescador and Shibuya, 1999] 논쟁적인 부분이 있지만, 국가 시스템 내부 비교도 수행된다.[Crossley & Jarvis, 2000; Kelly & Altbach, 1986; Ross 2002; Welch, 1991; Welch & Maesmann, 1997]

국제교육

국제주의는 교육에서 비교연구가 형성되고 발전하는 데 기저를 이루는 동인이다. 알트바흐와 켈리[Altbach & Kelly, 1986]는 다음과 같이 말한다.

전반적인 국제이해의 증진과 교육의 개선은 이 분야의 오랜 전통이다. 여기에는 인도주의적이고 개선적인 요소가 언제나 있었고, 희망컨대 앞으로도 그럴 것이다. 따라서 비교교육자들은, 특히 학교에서, 세계 평화와 발전에 대한 기여로서 교육의 여러 측면을 개선하고 국제이해 증진을 장려하는 국제 프로그램에 참여해야만 한다.[p. 4]

평화교육이 비교교육 영역 안에 들어오는 기반을 이룬 '개선적' 요소는 학계 교육연구자와 교육정책 입안자 및 기획자들에게서 주로 발견된다. 이런 양상은 창시자인 줄리앙 드 파리Jullien de Paris가 외국 자료의 수집, 분류, 분석으로부터 정책의 원칙을 도출하는 데 관심을 가졌던 1820년대부터 나타나고 있다.Homes, 1985 그 뒤에 비교교육자들은 국제교육국International Bureau of Education과 유네스코라는 두 국제 자료 수집 기관이 출범할 때부터 관여해 왔다. 1960년대, 1970년대에 근대화 이론이 경제발전 방식에 교육을 포함하면서, "인적 자본" 개발을 추구하는 기관들이 국가 간 교육 성과를 비교하는 도구를 확보하려고 노력했다.

이러한 "응용" 연구가 무엇이든 그것이 "비교"라기보다 "국제" 연구는 아닌지에 대한 논쟁이 많았다.Wilson, 1994 국제 연구는 국제 교육기관의 연구를 포함하며, 정의로운 사회를 위한 "다문화적이고 세계적인 효과성 개발"에 대한 교육자들의 관심을 포함한다.Arnove, 2001, p. 501 확실히 비교론자들은 연구자로서, 또 전문적인 관계를 맺기 위해 세계비교교육학회와 지역별 비교교육학회 등에서 초국가적으로 활동한다.

국제교육의 범위, 적절한 주제 및 방법론에 대한 논쟁은 계속되고 있다. 이는 국가 사회를 향한 대통령 연설과 주요 신문의 사설에서 강조된다. 알트바흐Altbach, 1991가 "비교문화 맥락에서 교육을 바라보는 다학제적인 분야"라고 묘사한 것이 이 상황을 개략적으로 말해 준다.

변화하는 영역

비교교육과 국제교육에 관한 논쟁은 연구 분야의 발전과 이 분야에 평화교육을 포함시킬 것인지에 대한 변화의 양상을 보여 준다. 비교교육과 국제교육의 최근 발전은 크게 세 시기로 구별할 수 있다. 첫 번째는 2차 세계대전 직후부터 1970년대까지인데, 교육 시스템 연구에 분석적이고 귀납적인 과학적 접근법을 적용하는 것과 방법론에 관한 논의들로 특징지을 수 있다. 1970년대 말부터 이어진 두 번째 시기에는, 실증주의와 구조-기능적 이론화에 대한 비판이 비교론자들의 기반이 되는 사회과학과 인문학에 영향을 미치기 시작했다. 해석학과 비판이론 같은 대안적 방법론이 비교교육에서 부각되었으며, 이와 더불어 주된 분석 단위로 국가를 상정하는 것에 대한 비판이 나왔다.예: Altbach, 1991; Kelly & Altbach, 1986; Crossley & Broadfoot, 1992; Open File, 1989; Welch, 1985; Welch, 1992; Welch & Burns, 1992 이러한 논쟁은 오늘날에도 계속된다.Cook, Hite & Epstein, 2004; Cowen, 1996; Dale & Robertson, 2005; Marginson & Mollis, 2001; Rust et al., 1999; Schriewer, 2006; Tikly & Crossley, 2001; Torres, 2001

세 번째 시기인 현 단계에서 세계화의 교육적 함의에 대한 탐구는 비교교육 및 국제교육의 상위 개념 역할을 한다.위 단락의 연구물에 추가하여 Arnove, 2001; Carnoy & Rhoten, 2002a, 2002b; Crossley & Jarvis, 2000; Crossley & Jarvis, 2001; Crossley & Watson, 2003; Dale & Robertson, 2005; Mehta & Ninnes, 2003 참조 이 단계는 비교론자들이 "교육의 변화하는 사회적 맥락과 전 세계 교육의 형평성, 평등 및 질이라는 현실적 난제들에 관한 이해에서 비교교육이 갖는 상대적 우위는 무엇인가?"라는 질문에 고심하면서, 이론, 주제, 방법론 및 방법의 다양성이 증대되는 특징을 보인다.Torres, 2001, p. vii 1997년에서 2004년 사이에 발표된 비교교육 및 국제교육 연구에서 교육적 기획, 발전 및 개혁, 민족, 인종, 계급, 젠더 및 성적 지향에 관한 연구가 가장 많이 늘어났다.Raby, 2005

오늘날 비교교육과 국제교육은 다양한 방법론적 접근과 연구주제로 특징지어지는 복잡한 분야이다. 개선적 요소가 교육적 기획 및 시스템의 "개선"에 적용되었다. 최근 들어 국민국가에 초점을 맞추는 것에 대한 비판, 교육받은 지식이 사회 내부와 각 사회들 사이의 기존 권력 및 지위 구조를 강화하는 측면에 대한 비판, 그리고 세계화가 형평성과 정의에 미치는 영향에 대한 인식이 연구와 교육에 새로운 화두를 던졌다. 이에 따라 국제이해, 협력, 인권, 평화, 그리고 환경과 같은 관련 이슈들이 비교교육 내에서 다루어지는 주제로 간주된다.

비교교육과 국제교육에서의 평화교육

비교교육과 국제교육의 기원을 돌이켜 보면, 특히 2차 세계대전 이후, 전쟁의 실상과 결과에 대한 교육자들의 반응이 하나의 실마리임을 알 수 있다. 평화교육은 학계와 교육계에서의 위치가 튼튼하지 않은데, 평화교육 석좌교수로 네덜란드 유트레히트대학교에 레나르트 브라이언스 Lennart Vriens가 임용된 것이 유일하다. 비교교육과 국제교육 분야에 해당하는 국제학술지인 〈비교교육Comparative Education〉, 〈비교Compare〉, 〈비교교육리뷰Comparative Education Review〉, 〈캐나다 교육과 국제교육 Canadaian and International Education〉, 〈국제교육리뷰International Review of Education〉 등에서 평화교육을 찾아보기가 쉽지 않다. 앞의 두 가지는 영국에서, 세 번째는 미국에서, 네 번째는 캐나다에서, 〈국제교육리뷰IRE〉는 함부르크에 있는 유네스코연구소의 「국제이해, 협력, 평화를 위한 교육과 인권 및 기본적 자유에 대한 교육에 관한 권고」의 틀 안에서 연구를 수행한 점을 고려해 볼 때, 비교교육 및 국제교육 학술지에 게재된 평화 및 관련 교육에 대한 논문 대부분을 〈IRE〉에서 찾아볼 수 있는 것은 놀라운 일이 아니다. 비교교육자도 아닌 노르웨이의 마그누스 하벨스루드와 요한 갈퉁이 〈IRE〉의 1983년 특집호를 편집하기도 했다. "모든 기고자가 국제평화학회IPRA의 평화교육연구회PEC 회원이었으며, PEC와 2004년 창간된 〈평화교육 저널Journal of Peace Education〉이 평화교육에 대한 비교론적 관점을 갖는 하나의 수단이 되고 있다."

필자들은 1979년의 〈IRE〉 25주년 특집호에서처럼 "국제이해"와 "평화"를 자주 결부시킨다. "전쟁을 피하고 인간의 환경human environment 을 보호하기 위해 국제적 행동을 취하는 것"이 점점 더 중요해진다.Elvin, 1979. p. 461; Brock-Utne, 1988; Vriens, 1990 글로벌 안보Williams, 2000, 문화와 다양성 Simkin, 1998, 계급Welch, 1993이라는 문제를 일부 비교교육자와 국제교육자들이 제기했는데, 이 문제들은 본질적으로 국제주의적인 "평화의 문화"의 형성 및 전파에 관한 논쟁과 관련 있다.예: Adams, 2000; Page, 2004; Vriens, 1993; 국제 차원을 가질 수 있는 관계론적 접근은 Ross, 2002 참조 평화교육, 국제이해교육 및 인권교육 같은 연관된 분야 사이의 복잡한 관계에 주목하는 평화교육자로는 비에르스테트Bjerstedt, 1993, 브록-유턴Brock-Utne, 1988, 2000, 번스와 아스펠스래그Burns & Aspeslagh, 1996a, 1996b, 핼퍼린Halperin, 1997, 히터Heater, 1984, 아이럼Iram, 2003, 레이Ray, 1988, 리어든Reardon, 1987, 1988 등이 있다. 〈비교〉의 필진인 하버Harber, 1997 와 데이비스Davies, 2005 그리고 자이다, 마하노비치, 러스트Zajda, Majhanovich & Rust, 2006는 교육 자체가 사회정의의 원천일 뿐만 아니라 갈등의 잠재적 근원이라고 문제화함으로써 이슈를 자기 책임으로 돌린다.

평화교육, 인권교육, 시민교육에 관한 논문은 〈IRE〉에서조차 아주 드물게 나타난다. 〈비교교육〉이나 〈비교교육리뷰〉에는 시민교육, 국제화교육, 도덕교육, 정치교육, 정치 사회화, 민주주의 교육, 인권교육에 관한 논문들이 있긴 했지만, 평화교육에 관한 논문은 전혀 나오지 않았다. 〈비교〉는 지난 25년 동안 몇몇 관련 논문을 실었으며, 가장 최근에 영국 국제 및 비교교육학회의 2004년 회장 연설문을 실었다.[Davies, 2005] 1996년 이후 비교교육학계에서는 "평화와 정의"가 세계비교교육학회에서 하나의 흐름으로 자리 잡았다. 현재 비교 및 국제교육학회가 평화교육분과를 두고 있는데, 분과회원 중 일부가 평화교육에 관한 단행본을 출간했으나 아직 비교교육학회지에는 게재되지 않았다.

번스와 아스펠스래그[Burns & Aspeslagh, 1996b]는 비교교육이 "구체적 상황에서, 교육에 관한 생각의 발전과 그 실천을 이해하는 방법"을 제공한다고 생각한다.[p. 9] 그리고 이것이 평화교육을 연구하는 적절한 방법이라고 주장한다. 그러나 평화교육자들은 여전히 아동의 태도, 특정 평화교육 계획에 대한 설명, 그리고 형식 교육 시스템에의 평화교육 도입과 관련된 논쟁에 더 많은 관심을 보인다. 평화교육자들의 관심이 비교연구에 분명히 적합하긴 하지만, 비교교육이 교육 시스템에 대해서만 주로 다루고 있고 평화교육은 사실상 거의 시스템 안에 포함되지 않기 때문에, 비교교육과 평화교육의 장이 각기 따로 다루어지는 부분이 있다.

결론

비교교육과 국제교육의 새로운 발전, 특히 세계화와 그것이 교육, 고용, 인간관계, 문화에 미치는 영향에 대한 비판이 여러 분야들을 더욱 연결되게 하는 새로운 가능성을 보여 준다. 다음과 같은 데이비스[Davies, 2005]의 주장에서 분명한 도전을 확인할 수 있다.

교육과 갈등의 관계에서, 전쟁과 폭력이 교육 자체에 영향을 미치는 것은 자명하다. … 그러나 불평등, 사회적 배제 및 양극화의 재생산 또는 증폭을 통해, 민족적 또는 종교적 구분 및 분할의 공고화를 통해, 그리고 가부장적, 공격적, 군사주의적이고 동성애를 혐오하는 남성성 수용을 통해… 교육이 갈등에 역으로 미치는 영향은 아마도 불분명할 것이다.p. 359

참고문헌

Adams, D. (2000). From the international year to a decade for a culture of peace and non-violence. *International Journal of Curriculum and Instruction Special Issue, 2*(1), 1-10.

Altbach, P. G. (1991). Trends in comparative education. *Comparative Education Review, 35*(3), 491-507.

Altbach, P. G., & Kelly, G. P. (1986). Introduction: Perspectives on comparative education. In P. G. Altbach & G. P. Kelly (Eds.), *New approaches to comparative education* (pp. 1-10). Chicago: The University of Chicago Press.

Arnove, R. F. (2001). Comparative and international education society (CIES) facing the twenty-first century: Challenges and contributions. *Comparative Education Review, 45*(4), 477-503.

Ball, S. J. (1998). Big policies/small world: An introduction to international perspectives in education policy. *Comparative Education, 34*(2), 119-130.

Bjerstedt, Å. (Ed.). (1993). *Peace education: Global perspectives.* Stockholm, Sweden: Almqvist & Wiksell.

Brock-Utne, B. (1988). Formal education as a force in shaping cultural norms relating to war and the environment. In A. Westing (Ed.). *Cultural norms, war, and the environment* (pp. 83-100). Oxford, England: Oxford University Press.

Brock-Utne, B. (2000). Peace education in era of globalization. *Peace Review, 12*(1), 131-138.

Burns, R. J., & Aspeslagh, R. (Eds). (1996a) *Three decades of peace education around the world. An anthology.* New York: Garland.

Burns, R. J., & Aspeslagh, R. (1996b). Peace education and the comparative study of education. In *Three decades of peace education around the world. An anthology* (pp. 3-23). New York: Garland.

Carnoy, M., & Rhoten. D. (Eds). (2002a). The meanings of globalization for education change. *Comparative Education Review Special Issue, 46*(1), 1-154.

Carnoy, M., & Rhoten. D. (2002b) What does globalization mean for education change? A comparative approach. *Comparative Education Review,* 46(1), 1-9.

Cook, B. J., Hite, S. J., & Epstein, E. H. (2004). Discerning trends, contours, and boundaries in comparative education: A survey of comparativists and their literature. *Comparative Education Review,* 48(2), 123-150.

Cowen, R. (Ed.). (1996). Last past the post: Comparative education, modernity, and perhaps post-modernity. *Comparative Education Special Number (18),* 32(2), 151-170.

Crossley, M., & Broadfoot, P. (1992). Comparative and international research in education: Scope, problems and potential. *British Educational Research Journal,* 18(2), 99-112.

Crossley, M., & Jarvis, P. (Eds). (2000). Comparative education for the twenty-first century: An international response. *Comparative Education Special Number (23),* 36(3).

Crossley, M., & Jarvis, P. (Eds). (2001). Comparative education for the twenty-first century: An international response. *Comparative Education Special Number (24),* 37(4).

Crossley M., & Watson, K. (2003). *Comparative and international research in education: Globalization, context and difference.* London/New York: Routledge Falmer.

Dale, R., & Robertson, S.L. (Eds). (2005) Globalisation and education in knowledge economies and knowledge societies. *Comparative Education Special Issue (30),* 41(2), 117-242.

Davies, L. (2005). Schools and war: Urgent agendas for comparative and international education. *Compare,* 35(4), 357-371.

Elvin, L. (1979). International understanding. *International Review of Education,* 25, 461-476.

Halperin, D. S. (Ed.). (1997). *To live together: Shaping new attitudes to peace through education.* Paris, France: UNESCO International Bureau of Education.

Harber, C. (1997). International developments and the rise of education for democracy. *Compare,* 27(2), 179-191.

Heater, D. B. (1984). *Peace through education: The contribution of the Council for Education in World Citizenship.* London: Falmer Press.

Holmes, B. (1985). Trends in compartive education. *Prospects,* 15(3), 325-346.

Iram, Y. (Ed.). (2003). *Education of minorities and peace education in pluralistic societies.* Westport, CT: Praeger.

Jones, P. W. (1998). Globalisation and internationalism: Democratic prospects for world education. *Comparative Education, 34*(2), 143-156.

Kandel, I. L. (1933). *Studies in comparative education.* Londony: George Harrap.

Kelly, G. P., & Altbach, P. G. (1986). Comparative education: Challenge and response. *Comparative Education Review, 30*(1), 89-107.

Marginson, S., & Mollis, M. (2001). "The door opens and the tiger leaps": Theories and reflexivities of comparative education for a global millennium. *Comparative Education Review, 45*(4), 581-615.

Mehta, S., & Ninnes, P. (2003). Postmodernism debates and comparative education: a critical discourse analysis. *Comparative Education Review, 47*(2), 238-257.

Open File. (1989). Comparative education: A provisional stocktaking. *Prospects, 19*(3), 351-406.

Page, J. (2004). Peace education: Exploring some philosophical foundations. *International Review of Education, 50*(1), 3-15.

Raby, R. L. (2005). Reflections on the field: A review of the 2004 Comparative Education Review bibliography. *Comparative Education Review, 49*(3), 410-418.

Ray, D. (Ed.). (1988). *Peace education: Canadian and international perspectives.* London: Third Eye.

Reardon, B. A. (1987). *From international understanding to peace education and world order studies* (Reprints and Miniprints No. 579). Sweden: Department of Education and Psychological Research, Malmö School of Education, University of Lund.

Reardon, B. A. (1988). *Comprehensive peace education: educating for global responsibility.* New York: Teachers College Press.

Ross, H. (2002). The space between us: The relevance of relational theories to comparative and international education. *Comparative Education Review, 46*(4), 407-433.

Rust, V. (2001). Editorial. *Comparative Education Review, 45*(3), iii-iv.

Rust, V. (2002). The place of international education in the Comparative Education Review. *Comparative Education Review, 46*(3), iii-iv.

Rust, V., Soumaré, A., Pescador, O., & Shibuya, M. (1999). Research strategies in comparative education. *Comparative Education Review, 43*(1), 86-109.

Schriewer, J. (Ed.). (2006). Comparative methodologies in the social sciences cross-disciplinary inspirations. *Comparative Education Special Issue, 42*(32).

Simkin, K. (1998, December 6-9). *Education for intercultural understanding: Some implications for comparative education.* Paper presented at the 26th annual conference of the Australia and New Zealand Comparative and International Education Society, Auckland, New Zealand: University of Auckland.

Tikly, L. (2001). Globalisation and education in the post colonial world: Towards a conceptual framework. *Comparative Education, 37*(2), 151-172.

Tikly, L., & Crossley, M. (2001). Teaching comparative and international education: A framework for analysis. *Comparative Education Review, 45*(4), 561-580.

Torres, C. A. (2001). Globalization and comparative education in the world system. *Comparative Education Review, 45*(4), iii-x.

Vriens, L. (1990). *Peace education in the nineties: A reappraisal of values and options* (Peace Education Miniprints No. 4). Lund University, Sweden: Malmo School of Education.

Vriens, L. (1993, August 10-14). *Nationalism, democracy and education: The alternative of internationalism.* Paper presented to the 12th International Human Science Research Conference, Groningen, The Netherlands.

Welch, A. R. (1985). The functionalist tradition in comparative education. *Comparative Education, 21*(1), 5-19.

Welch, A. R. (1991). Knowledge and legitimation in comparative education. *Comparative Education Review, 35*(3), 508-531.

Welch, A. R. (1992). Knowledge, culture and power: Educational knowledge and legitimation in comparative education. In R. J. Burns & A. R. Welch (Eds.), *Contemporary perspectives in comparative education* (pp. 35-68). New York: Garland.

Welch, A. R. (1993). Class, culture and the state in comparative education: Problems, perspectives and prospects. *Comparative Education, 29*(1), 7-27.

Welch, A. R., & Burns, R. J. (Eds). (1992). *Contemporary perspectives in comparative education.* New York: Garland.

Welch, A., & Masemann, V. (1997). Editorial introduction. *International Review of Education, 43*(5-6), 393-399.

Williams, C. (2000). Education and human survival: The relevance of the global security framework to international education. *International Review of Education, 46*(3-4), 183-203.

Wilson, D. N. (1994). Comparative and international education: Fraternal or Siamese twins? A preliminary genealogy of our twin fields. *Comparative Education Review, 38*(4), 449-486.

Zachariah, M. (1979). Comparative educators and international development policy. Comparative *Education Review, 23*(3), 341-354.

Zajda, J., Majhanovich, S., & Rust, V. (Eds). (2006). *Education and social justice.* Dordrecht: Springer.

15장
미래교육

데이비드 힉스(David Hicks)

서언

평화교육은 지역 수준에서 세계 수준에 이르기까지 다양한 문제와
관련되어 있지만, 이러한 문제들은 과거, 현재, 미래의 상호 관계를 탐구
하지 않고서는 이해할 수 없다. 역사는 과거를 다루고 대부분의 교육이

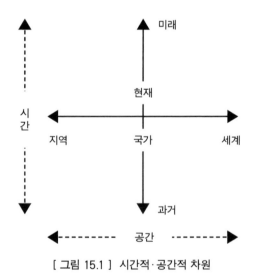

[그림 15.1] 시간적·공간적 차원

현재를 다루지만, 미래에 대한 연구는 거의 다루지 않고 있다.

국제적으로, 교육자들 중 미래에 대해 연구하고 탐색하고자 하는 이들은 "미래교육futures education" 또는 "교육에서의 미래future in education"라는 용어를 사용한다. 하지만 교육과정에서 '미래 차원'의 필요성을 이야기하고 사람들이 자기 삶과 사회에 대해 '미래 관점'을 보다 폭넓게 가질 수 있게 하는 것이 더 유용하다. 간단히 말해, 이는 '미래에 관해 더 비판적이고 창의적으로 생각하는 데 요구되는 지식, 이해 및 능력을 증진하는' 교육을 의미한다. 평화교육은 이러한 차원을 담아내고 이와 같은 관점을 널리 알릴 필요가 있는데, 자아 및 사회와 관련해 탐구하는 두 핵심 질문이 "어디로 가고 싶은가"와 "어떻게 도달하는가"이기 때문이다.Hicks, 2004

미래 연구

미래에 관한 관심은 인류만큼 오래되었지만, 미래에 관한 진지한 연구는 실제로 2차 세계대전 이후에야 전략 기획, 기술 예측, 경제 분석 및 최초의 대형 싱크탱크 설립 등의 형태로 모습을 드러냈다. 이러한 시도의 많은 부분이 경제적, 군사적 예측에 초점을 맞추고 있었다. 그러나 또 다른 한편으로 유럽에서는 위와 같은 생각들이 어떻게 사용되어야 더 나은 미래 사회를 만드는 데 도움이 될 것인가에 대한 논의들을 시작했다.Masini, 2006

학문의 한 분야로서 미래 연구는 1960년대에 등장했다. 미래 연구의 범위는 광범위한데, 이나야툴라Inayatullah, 1993는 이에 대해 "그것은 대체로 지식의 두 지배적 유형, 즉 미래 예측과 관련된 기술적인 것과 좋은 사회를 만드는 데 관련된 인문학적인 것을 아우른다"라고 말했다.[p. 236] 후자가 1972년에 설립된 세계미래연구연맹www.wfsf.org의 연구를 뒷받침한다. 이 단체의 설립자 중 한 명이 당시 오슬로의 국제평화연구소 소장이던 요한 갈퉁이다.

벨Bell, 1997은 미래 연구의 목적이 "가능하고 개연성 있고 바람직한 미래를 발견하거나 창안하고 검토, 평가 및 제안하는 것"이라고 주장한다.[p. 75] 그는 이어서 "미래학자들은 무엇이 될 수 있는지the possible, 무엇이 될 것 같은지the probable, 무엇이 되어야 하는지the preferable 알고자 한다"라고 말한다.[p. 73] 데이터Dator, 2005는 다음과 같이 부연 설명한다.

> 미래는 존재하지 않으므로 연구될 수 없다. 미래 연구는 미래를 연구하는 척하지 않는다. 그것은 미래에 관한 생각을 연구한다. … (이는) 현재 행동의 기초가 되는 경우가 많다 … 집단마다 미래에 대한 이미지가 아주 다른 경우가 많다. 남성이 가진 이미지는 여성이 가진 이미지와 다를 수 있다. 서양이 가진 이미지는 비서구 지역이 가진 이미지와 다를 수 있다.[para. 8]

미래 연구의 주요 과제 중 하나는 언제 어디서나 존재하는 미래의 대안들 중에서 중요한 것들을 확인하고 검토하는 것이다. 미래는 예측할 수 없지만, 추구하고자 하는 미래는 상상하고, 창안하고, 구현하고, 계속 평가하고, 수정하고, 재상상할 수 있으며 또 그래야 한다. 따라서 미래 연구의 또 다른 주요 과제는 개인과 집단들이 선호하는 미래를 표현하고, 구현하며, 재상상하는 데 도움을 주는 것이다.

다른 글에서 데이터[2002, p. 10]는 미래에 대한 사람들의 다양한 견해에 도 불구하고 그가 접한 모든 이미지는 어떤 문화권에서든 네 범주로 분류된다고 주장한다. 첫째, 연속continuation은 일반적으로 경제 성장은 계속된다는 관념에 기초하는 "평상시와 다름없이 행동하라"는 시나리오이다. 두 번째, 붕괴collapse는 경제 불안, 환경 재난, 테러 공격 등으로 발생하는 "재앙"과 관련한 시나리오이다. 셋째, 규율 사회disciplined society 는 전통 가치, 생태 가치, 신이 주신 가치 등과 같은 전체를 아우르는 가치에 기초한 사회이다. 마지막으로 변혁 사회transformational society는 "첨단 기술" 또는 "진취적 기상"이라는 가치에 기초하여 현재의 규범에서 탈피하는 사회이다.

미래 연구는 학문적으로 일관성을 갖기 위해 노력하지는 않는다. 「미래 연구의 지식 기반Knowledge Base of Futures Studies」[Slaughter, 2005], 「전진하는 미래Advancing Futures」[Dator, 2002], 「미래 연구의 기초Foundations of Futures Studies」[Bell, 1997] 같은 핵심 문서들이 미래에 대한 관심의 폭을 분명히 보여 주지만, 이 분야에도 주요 이데올로기 논쟁이 있다. 가장 주목되는 점, 미래 연구가 주로 백인 서양의 시도[Inayatullah, 1998; Sardar, 1999; Kapoor, 2001]이면서 남성의 담론[Milojevic, 2004]이라는 비판이 논쟁에 포함되어 있다는 것이다.

교육에서의 미래

정도 차이는 있지만, 교육자들은 초등 및 중등학교와 교사 교육에서 자기 일의 질을 높이기 위해 학문적인 미래 연구의 도움을 받아 왔다.

다음 9개 핵심 개념이 미래 차원에 관한 생각의 토대가 된다.

1. 세계의 상태

21세기 초, 세계의 상태는 여전히 우려스럽다. 지속가능성, 빈부 격차, 평화와 분쟁, 인권 침해를 다루는 문제 모두가 지역적으로, 세계적으로 큰 영향을 미친다. 우리는 그러한 문제의 원인, 그것이 현재와 미래의 우리 삶에 어떤 영향을 미칠지, 그리고 그 문제들을 해결하는 데 필요한 행동에 대해 알아야 한다.

2. 변화 관리

사회적, 기술적 변화가 급격한 시대에 과거는 미래에 대한 정확한 지침을 제공할 수 없다. 예측과 적응성, 예지와 유연성, 혁신과 직관이 생존에 필수적인 도구가 되어 가고 있다. 우리는 변화에 앞서가고 적응하기 위해 그러한 능력을 개발해야 한다.

3. 미래에 대한 관점

미래에 대한 사람들의 관점은 변화에 대한 태도, 환경 및 기술뿐 아니라, 나이, 성별, 계급 및 문화 등에 따라 크게 다를 수 있다. 우리는 미래에 대한 관점들이 어떻게 다른지 그리고 이것이 사람들의 현재 우선순위에 영향을 미치는 방식을 인식할 필요가 있다.

4. 대안적 미래

어느 시점에서든 다양한 미래들이 가능하다. 개연성 있는 미래, 즉 일어날 것 같은 미래와 바람직한 미래, 즉 일어나야 한다고 느끼는 미래를 구별하는 것이 유용하다. 우리는 개인, 지역 및 세계 수준에서 개연성 있는 미래와 바람직한 미래를 다양하게 탐색할 필요가 있다.

5. 희망과 두려움

미래에 대한 희망과 두려움은 종종 현재의 의사결정에 영향을 미친다. 두려움은 문제 해결보다는 회피로 이어질 수 있다. 미래에 대한 희망을 명확히 하는 것은 현재의 동기를 높이고 변화를 위한 적극적인 행동을 할 수 있게 한다. 우리는 미래에 대한 우리 자신의 희망과 두려움을 탐구하고 그것들과 더불어 창의적으로 일하는 법을 배워야 한다.

6. 과거/현재/미래

상호의존성은 공간과 시간을 뛰어넘어 존재한다. 과거, 현재, 미래는 불가분하게 연결되어 있다. 우리는 공동체의 가장 연로한 구성원들에 의해 시간을 거슬러 과거와 연결되고, 오늘 태어난 사람들에 의해 다음 세기로 나아간다. 우리는 이러한 연결고리를 탐구하고 미래에 대한 책임은 물론 연속성과 변화를 모두 파악해야 한다.

7. 미래에 대한 비전

새로운 세기의 첫 10년은 사회의 상태를 재검토할 귀중한 기회를 제공한다. 무엇을 버리고 무엇을 취해서 앞으로 나아가야 하는가? 특히, 적극적이고 책임감 있는 시민들에게 동기부여를 하려면 지금 더 나은 미래에 대한 어떤 비전이 필요한가? 그러므로 우리는 상상하는 능력을 개발하고 창의적 상상력을 구사해야 한다.

8. 미래 세대

경제학자, 철학자 및 국제적인 법률가들이 점점 더 미래 세대의 권리를 인정하고 있다. 어떤 세대도 앞선 세대보다 인류와 자연의 부를 덜 물려받아서는 안 된다는 제안이 있었다. 우리는 미래 세대의 권리와 이러한 권리를 옹호할 책임이 무엇인지에 대해 논의해야 한다.

9. 지속가능한 미래

이 행성에서 현재의 소비주의 생활방식은 혜택보다 피해를 더 많이 가져오며, 갈수록 지속 불가능해질 것이다. 지속가능한 사회는 환경, 공동체의 극빈층, 그리고 미래 세대의 필요에 대한 우려에 우선순위를 둔다. 이것이 우리의 일상생활과 미래 일자리에 어떻게 적용되는지 이해할 필요가 있다.

교육과정에 미래 차원이 필요하다는 것을 최초로 주장한 토플러 Toffler는 지금도 매우 유의미한 『내일을 위한 학습: 교육에서 미래의 역할』1974을 썼다. 그의 핵심 논지는 그때나 지금이나 여전히 해당된다.

> 모든 교육은 미래의 이미지에서 비롯되며 모든 교육이 미래의 이미지를 만든다. 따라서 의도하든 아니든 모든 교육이 미래를 위한 준비이다. 우리가 준비하고 있는 미래를 이해하지 않으면 우리가 가르치는 사람들에게 비극적인 피해를 줄 수 있다.1974,
> 표지

오늘날 교육의 너무 많은 부분을 지배하는 신보수주의와 신자유주의 이데올로기의 발흥을 목격했던 시대에 토플러가 이 글을 썼다는 것이 흥미롭다.^{Apple, 2006}

1990년대에, 젊은이들이 그리는 미래 이미지와 이러한 이미지가 교육에 미치는 영향에 관한 연구가 증가했다.^{Hicks & Holden, 1995} 허친슨^{Hutchinson, 1996}은 (젊은이들의 미래관에 대한 영향을 포함해) 중등교육 분야에서, 페이지^{Page, 2000}는 유아기 교육과정에 관하여, 그리고 기들리와 이나야툴라^{Gidley & Inayatullah, 2002}는 청년의 미래와 관련하여 각각 흥미로운 연구를 수행했다. 초등에서 고등 수준까지 미래에 대한 교육의 다양한 사례 연구는 힉스와 슬로터^{Hicks & Slaughter, 1998}의 연구에서 찾아볼 수 있으며, 다양한 교실 활동은 파이크와 셀비^{Pike & Selby, 1999}, 힉스^{Hicks, 2001; 2006}, 슬로터와 버시^{Slaughter & Bussey, 2006}의 연구에서 확인할 수 있다. 한편 기들리 등^{Gidley & Inayatullah, 2002}은 호주에서의 최근 동향을 연구했다.

미래 상상하기

다수의 흥미로운 연구가 젊은 세대가 그리는 개연성 있는 미래와 바람직한 미래의 본질을 탐구했다. 에커슬리^{Eckersley, 1999}는 호주 청소년들이 특히 오염과 환경파괴, 빈부 격차, 높은 실업률, 분쟁, 범죄와 소외, 차별과 편견, 경제적 어려움에 대해 우려하고 있다고 발표했다. 15~24세의 10명 중 8명이 협동, 공동체와 가족, 부의 균등 분배, 경제적 자급자족을 강조하는 보다 친환경적이고 안정적인 사회를 선호한다고 답했다. 그는 다음과 같은 결론을 내렸다.

젊은 세대가 선호하는 미래는 의심할 여지 없이 이상적이고 유
토피아적이다. 그 중요성은 인간의 기본적인 필요에 관해… 그
리고 그들이 기대하는 것과 세계 및 국가의 지도자들이 그들
에게 제공하고 있는 것을 드러내 보이는 데 있다.[p. 95]

이는 비록 서구적인 맥락이긴 하지만, 미래를 상상하기 위해 수행
된 많은 연구에 반향을 일으키고 있다. 또한 엘리스 볼딩[Elise Boulding, 1988a;
1988b]이 상상하기 워크숍을 많이 진행하고 거기서 자주 등장하는 바람직
한 "기본 미래[baseline future]"를 발표하기도 했는데, 여기서 얻은 결과물
에도 반향을 보인다. 그러나 바람직한 미래의 명확한 이미지 그 자체가
충분하다고 생각하는 오류를 범하지 말아야 한다. 메도스, 랜더스, 메도
스[Meadows, Randers & Meadows, 2005]는 다음과 같이 강조한다.

우리는 회의론자를 위해, 비전이 무슨 일이든지 일어나게 한다
고 믿지 않는다고 주저 없이 말해야 한다. 행동 없는 비전은 쓸
모없다. 시각 없는 박쥐와 같은 행동은 방향성이 없고 미미하
다. 비전은 인도하고 동기를 부여하는 데 절대적으로 필요하다.
그 이상으로, 비전은 널리 공유되고 확고히 가시화되었을 때
새로운 시스템을 출현시킨다.[p. 272]

미래 관점은 평화교육의 효과적인 교수-학습에서 대단히 중요하다.
학습자가 개연성 있고 바람직한 미래를 창조하는 힘들에 관해 더 비판
적이고 창의적으로 생각할 수 있도록 해 주면, 그들은 변화를 위해 목적
과 초점이 분명한 행동에 참여할 수 있다. 이는 진보적인 교육자의 과제

중 하나를 성취하는 것으로 프레이리^{Freire, 1994}가 언급한 "어떤 장애물이 있더라도, 희망의 기회를 드러내 보이는 것"이라고 하겠다.^{p. 9}

참고문헌

Apple, M. (2006). *Education the "right" way: Markets, standards, God, and inequality* (2nd ed.). London: Routledge Falmer.

Bell, W. (1997). *Foundations of futures studies*. New Brunswick, NJ: Transaction.

Boulding, E. (1988a). *Building a global civic culture*. New York: Teachers College Press.

Boulding, E. (1988b). Image and action in peace building *Journal of Social Issues, 44*(2), 17-38.

Dator, J. (Ed.). (2002). *Advancing futures: Futures studies in higher education*. Westport, CT: Praeger.

Dator, J. (2005). Foreword. In R. Slaughter (Ed.), *Knowledge base of futures studies* [CD-ROM Professional Edition]. Retrieved November 6, 2007, from www.foresightinternational.com.au

Eckersley, R. (1999). Dreams and expectations: Young people's expected and preferred futures and their significance for education. *Futures, 31,* 73-90.

Freire, P. (1994). *A pedagogy of hope*. London: Continuum.

Gidley, J., & Inayatullah, S. (Eds.). (2002). *Youth futures: Comparative research and transformative visions*. Westport, CT: Praeger.

Hicks, D. (2001). *Citizenship for the future: A practical classroom guide*. Godalming, England: World Wide Fund for Nature UK.

Hicks, D. (2004). Teaching for tomorrow: how can futures studies contribute to peace education? *Journal of Peace Education, 1*(1), 165-178.

Hicks, D. (2006). *Lessons for the future: The missing dimension in education*. Victoria, BC: Trafford.

Hicks, D., & Holden, C. (1995). *Visions of the future: Why we need to teach for tomorrow*. Stoke-on-Trent, England: Trentham Books.

Hicks, D., & Slaughter, R. (Eds.). (1998). *Futures education: The world yearbook of education 1998*. London: Kogan Page.

Hutchinson, F. (1996). *Educating beyond violent futures*. London: Routledge.

Inayatullah, S. (1993). From "who am I?" to "when am I?" Framing the shape and time of the future. *Futures, 25*, 235-253.

Inayatullah, S. (1998). Listening to non-Western perspectives, In D. Hicks & R. Slaughter, (Eds.), *Futures education: The world yearbook of education 1998* (pp. 55-68). London: Kogan Page.

Kapoor, R. (2001). Future as fantasy: forgetting the flaws. *Futures, 33*, 161-170.

Masini, E. (2006). Rethinking futures studies. *Futures, 38*, 1158-1168.

Meadows, D., Randers, J., & Meadows, D. (2005). *Limits to growth: The 30-year update*. London: Earthscan.

Milojevic, I. (2004). *Education futures: Dominating and contesting visions*. London: Routledge Falmer.

Page, J. (2000). *Reframing the early childhood curriculum: Educational imperatives for the future*. London: Routledge Falmer.

Pike, G., & Selby, D. (1999). *In the global classroom* (Vol. 1). Toronto, Canada: Pippin.

Sardar, Z. (1999). *Rescuing all our futures: The future of futures studies*. Westport, CT: Praeger.

Slaughter, R. (Ed.). (2005). *Knowledge base of futures studies* (Vols. 1-5). [CD-ROM Professional Edition]. Retrieved November 6, 2007, from www.foresightinternational.com.au

Slaughter, R., with Bussey, M. (2006). *Futures thinking for social foresight*. Taipei, Taiwan: Tamkang University Press. Retrieved November 6, 2007, from www.foresightinternational.com.au

Toffler, A. (1974). *Learning for tomorrow: The role of the future in education*. New York: Vintage Books.

16장
"비판적" 평화교육

모니샤 바자즈(Monisha Bajaj)

"평화교육"은 다양한 프로그램, 연구 및 계획에 자주 사용되는 용어지만, 평화교육 분야는 다양한 종류의 학문적 관점, 프로그램상 고려 사항 및 근원적 가치를 포함하는 분야이다. 이 장에서는 참여자들이 어떻게 변혁적 행위주체성을 함양할 수 있는지에 대한 현지의 이해를 목표로 하는 연구가 중심 역할을 맡고 구조적 불평등 문제에 집중하는 "비판적 평화교육"의 복원을 적극 주장할 것이다. 연구에 집중하고 비판적인 구조적 분석을 새롭게 추구하는 것이[Galtung, 1969] 평화교육의 해방 약속을 추구하여 학술-행동주의로 나아가게 할 수 있다. 여기서는 지금까지 학술적 발전에 근거하여 교육 내용, 구조 및 교수법을 변혁하고 모든 수준의 직접적 폭력과 구조적 폭력을 다루는 것을 평화교육의 목표로 정의한다.[Harris, 2004; Reardon, 1988]

이 글은 인권 및 평화교육 분야의 학생, 연구자, 학자로서 필자의 반성에 해당한다. 필자는 교육대학에서 국제교육과 비교교육을 공부하는 대학원생들이 평화교육에 집중하도록 조정하고, 이 분야의 대학원 과정으로 들어가는 많은 학생들에게 조언해 준다. 학생들이 집중해서 가져오고 가져가는 평화교육에 대한 기대, 이해, 의미의 다양성이 '비판적 평화교육'에 대한 새로워진 관심과 탐구를 촉구하고 있는 이 장에 영감을 주었다.Diaz-Soto, 2005; Mirra, 2008; Montgomery, 2006; Wulf, 1974[1] 이러한 접근은 발전하고 있는 학제적인 평화교육에서 학문적 엄밀성을 강화하고 연구에 대한 강조를 더 늘리라고 할 것이다.

평화교육이란 무엇인가에 관해 개념 수준의 혼동이 있으며 이 점이 평화교육의 영향에 관한 학술적 연구 부족으로 악화되었다는 살로몬과 네보Salomon & Nevo, 2002의 비판에 대한 반향으로, 평화교육에서 경험주의를 강화하려는 움직임이 일어났다. 평화교육 프로그램을 평가하는 연구는 물론이고 현지의 의미와 경험에 관한 더 큰 지식을 추구하는 연구도 함께 강조하는 것이 평화교육에 유익할 것이다.Bajaj, 2004 필자가 주장하는 바인 '비판적 평화교육'의 복원을 검토하기 위해서는 현재 평화교육의 유형을 자세히 살펴보고 그에 맞춰 이러한 접근을 고려해 보는 것이 중요하다.

평화교육 연구 및 실천에 대한 접근 방식

하벨스루드Haavelsrud, 1996는 더 넓은 평화교육 분야로 확장될 수 있고 또 확장되어 온 군축교육의 내부에 존재하는 다양한 지향을 네 유형으로 분류했다.Burns & Aspelagh, 1983 이들 네 범주는 연구와 실천에서 평화교육에 어떻게 접근하는지를 이해하는 데 유용하다.

---

1. 불프(Wulf, 1974)와 디아즈-소토(Diaz-Soto, 2005)는 무엇이 "비판적 평화교육"인지에 대해 설명하고 몽고메리(Montgomery, 2005)와 미라(Mirra, 2008)는 "비판적 평화교육 관점"을 사용하여 더 정치화된 접근을 요구한다.

첫 번째 범주는 문제와 해결책에 대한 보편적인 관념은 있으나 개별 사회집단들과 그들의 상호작용에는 거의 관심을 기울이지 않는 관념론적 접근idealistic approach이다. 하벨스루드[Haavelsrud, 1996]는 이런 접근을 대표하는 유네스코 헌장 전문을 인용하는데, "전쟁은 사람의 마음에서 시작되므로 기성세대와 대비되는 새로운 세대에게 전 세계의 폭력적인 경향에 대항하는 평화교육이 필요"함을 역설한다. 분석의 수준은 개인이며 사회통합에 중점을 둔다. 비정부 기구들과 국제적인 계획에서 주로 옹호하는 이러한 접근은, 평화교육 구성에서 구조적 불평등 문제를 도외시하며 평화증진을 위한 행동을 배제하기도 한다.

두 번째는 주지주의적 접근intellectual approach인데[Haavelsrud, 1996], 평화와 분쟁에 관한 학문적 연구로 학습자들이 지식을 쌓을 수 있게 하는 데 초점을 맞춘다. 평화/군축 문제에 대한 다원주의적 견해를 나타내고 있기 때문에 교육 내용은 일반적으로 각기 다른 정치 행위자들에 의해 수용되고 있다. 주지주의적 접근은 보편적인 과학적 내용과 정치적 동의를 모두 필요로 하는데 이는 그래야만 모든 행위자가 대표될 수 있기 때문이다. 그러나 하벨스루드는 소위 중립성이라는 것은 모순으로 가득 차 있고, 여기에는 상황에 대한 이해가 어떻게 행동과 변화를 위한 성찰과 전략을 이끌 수 있는지에 대한 언급이 거의 없다는 점을 한계로 지적한다.

세 번째는 이데올로기적 접근ideological approach이다.[Haavelsrud, 1996] 학교교육에 대한 신마르크스주의적 분석에 의하면, 학교는 지배계급에 의한 사회 통제를 재생산하는 기구로 여겨진다.[Althusser, 1979] 모든 교육과정(그리고 잠재적 교육과정)은 권력자들의 이해관계에 편향되기 마련인데, 이는 학교에서 일어나는 사회-문화적 재생산 때문이다.[Bourdieu & Passeron, 1977;

^{Bowles & Gintis, 1976} 그러므로 평화교육은 형식 교육 시스템 밖에서 이루어져야 한다고 주장한다. 이런 관점에서 보면, 학교는 폭력을 체화한 기관이므로^{Harber, 2004} 평화를 증진하는 데 거의 도움이 되지 않는다.

네 번째 접근 방식은 정치화 접근politicization approach이다.^{Haavelsrud, 1996} 이는, 사회 변화를 위한 학교 밖의 다른 활동과 마찬가지로 교육도 평화를 증진하는 데 건설적인 역할을 한다는 것을 인정한다. 하벨스루드는 학교교육이 더 큰 사회적 맥락에 기반을 두도록 하면서 사회 변화의 전 과정에서 연구, 교육 및 행동을 긴밀히 연계시킬 것을 촉구한다. 교육의 형식, 내용 및 조직 구조가 평화교육을 보급하는 데 잘 맞춰져 있어야 한다는 것이다. 이 접근 방식은 프레이리^{Freire, 1970}가 학생들의 비판의식 제고를 강조한 데 호응하면서, 형식 및 비형식 교육을 활용하여 성찰과 행동 모두에 영감을 불어넣는다. 현지 실정에 대한 심층 지식 및 조사에 근거한 이해를 유의하면서 정의와 평화의 문제에 대하여 행동할 것을 촉구하는 이 네 번째 범주가, 필자가 주장하는 우리 분야에 필요한 복원된 비판적 평화교육과 가장 유사하다.

비판적 평화교육의 복원

1970년대는 불프^{Wulf, 1974}와 같은 학자들이 제기한 "비판적 평화교육"으로의 전환 국면을 맞이했다. 프랑크푸르트학파의 사회연구소에 근거를 두고 갈등과 사회비판이 필수적인 요소라고 주장하는 일군의 학자들이 "평화교육의 사회적 조건"에 초점을 맞추라고 촉구했다.^{Wulf, personal communication, 2007} 직접적인 형태의 폭력에 대한 이전 시기의 강조를 고려할 때, 이러한 변화는 포괄적인 평화와 양립할 수 없는 사회적, 경제적 불의를 다루는 데 중요했다.[Galtung, 1969] 구체적으로, 불프[Wulf, 1974]는 다음과 같이 말한다.

> (비판적 평화교육)은 평화교육을 사회에 대한 비판으로서 분명하게 이해하는 데서 생겨난다. … 비판적 평화교육의 중심 개념들은 "구조적 폭력", "체계적인 평화 부재", "참여" 등이다. … 국제 권력의 사회적 구조와 국내 권력의 사회적 구조 간의 상호의존성 그리고 학교 안팎에서의 의존성에 대한 것이라는 인상을 주고 있다.[p. x]

1990년대에 비판적 평화교육에서 평화의 문화와 포스트모던한 접근으로 초점이 이동했지만[Wintersteiner, 1999], 현재의 세계화된 맥락에서 구조적 분석이 유용함을 고려할 때, 완성된 지 30여 년이 지난 "비판적 평화교육"을 복원하는 것은 적절해 보인다.

최근 들어 학자들이 불프[Wulf, 1974]의 초창기 연구를 참작하지 않고, 파울로 프레이리의 교육 철학을 평화교육에 연결하여 "비판적 평화교육"이라는 명칭을 붙였다.[Diaz-Sote, 2005] 디아즈-소토[Diaz-Soto]는 세계 각지에서 끊이지 않는 전쟁을 다루는 가운데, 소극적 평화 혹은 직접적 폭력의 부재를 홍보해야 할 필요성에 근거해 미국에서 비판적 평화교육을 요구한다.[2] 그녀가 교육자들에게 권고한 것은 의식화를 목적으로 하는 프레이리의 권력 분석에 뿌리를 둔다. 더 나아가 "경계 넘기", "탈식민성",

---

2. 이와 대조적으로, "적극적 평화"는 모든 폭력의 구조적인 근원과 관련하여 사회적, 경제적 정의를 다루고 있다(Galtung, 1969).

"포용", "공정한 경제적 분배"를 요구하고 "패러다임으로서의 사랑"에 의지할 것을 요청한다.^{Diaz-Soto, 2005, p. 96} 그녀의 분석 중 일부는 이 장에 제시된 생각, 특히 권력, 정체성 및 문화에 주목하라는 요구를 떠올리게 한다. 하지만 그녀가 제시한 변수에는 필자가 평화교육의 연구와 실천을 현지 상황에 맞추는 방법이라고 주장하는 보다 큰 현장 연구에 대한 요구가 없다. 평화교육은 연구하고 현실 속에서 실천한다는 약속을 효과적으로 이행하기 위해서, 전 세계적으로 계속되는 학교와 지역사회에 관한 연구에 따라 복잡하고 다양한 형태를 취할 수 있으며 또 그래야 마땅하다. 그런데 지금까지의 평화교육 연구들은 그 규범적 성격으로 이를 인정하지 못하는 경우가 많다.

평화교육의 발전은 시대의 조건을 반영하는바, 경제 및 정치구조가 세계화되어 격차를 확대하고 동시에 시민이 그들의 정부에 책임을 물을 방도가 해체되는 이 시대에, 참여적이고 체계적인 연구를 통해 더 큰 구조적 현실 특히, 남반구의 저개발국가들global South의 현실을 새롭게 바라보는 것이 평화교육의 가능성과 한계를 이해하는 데 유익할 것으로 보인다. 다양성과 복수의 관점을 긍정하는 평화교육에 대한 비판적 접근의 필요성을 인정한다면, 그러한 접근의 구성 요소를 파악하는 것이 중요하다. 인권 원칙이 평화교육의 연구 및 새로운 계획을 이끌어 가는 경우가 많은데, 지속가능한 평화에 대한 약속에 더해 이 보편적 원칙에 관한 토론도 새로운 비판적 평화교육의 접근법에 없어서는 안 된다.

비판적 평화교육을 위한 틀로서의 현지 인권투쟁

"인권" 개념은 많은 논의와 정밀 검토를 거쳐오면서 단일한 정의를 상정할 수 없는 용어가 되었다. 학자들은 인권 담론을 경제적 이익 도모를 은폐하는 외피로[Mirra, 2008] 그리고 정책결정자가 선택적으로 구사하는 "자유주의 패권"의 한 형태로[Rieff, 1999] 이용하는 미국의 외교 정책을 비판했다. 법적 구속력은 없지만 가장 영향력 있는 인권 문서라는 점에서 세계인권선언 채택 당시의 맥락을 파악하는 것은 비판적 평화교육에도 중요하다. 개인의 권리가 공동의 권리에 우선한다는 서구의 개념은, 비록 3세대 인권 문서들이 다루긴 하지만 1947년 논의에 참여한 나라들의 관점만을 반영했다는 점에서 제한적이다. 당시 아프리카의 54개국 중 4개국만이 유엔 헌장의 서명국이었으며, 이 4개국 중 하나가 남아프리카공화국의 아파르트헤이트apartheid 정부였다.[UN, 2007]

평화교육자들은 적극적 평화를 증진하기 위한 규범적 틀로서 인권을 포함하자고 옹호해 왔다.[Reardon, 1997] 인권이 세계인권선언의 30개 조항에 명시되어 있는 그런 원칙들을 의미하는 것으로 여겨지고 그렇게 실행되었는데, 이는 다른 학문에서 이루어지는 폭넓은 개념 토론, 투쟁, 갈등, 반박 등과는 동떨어진 것이다. "인권"의 한 형태(즉, 1947년 서방 외교관들이 개발한 규범적 틀)를 포함하자고 옹호하는 평화교육자들은 진정으로 인권을 위해 그리고 인권에 관해 가르칠 수 있게 잘 갖춰 주는 "비판"이 제공하는 귀중한 정보를 놓칠 위험이 있다. 인권은 당연한 평화교육의 틀인데, 그것을 동태적이기보다 정태적인 것으로, 때로는 모순되는 것으로 취급하는 것은 그 복잡성을 무시하는 것이다.

인권에 내재하는 갈등의 한 예가 법적 집행enforcement의 문제이다. 특히 국가가 인권을 보호하지 않는 사회에서 살아가는 학생에게 정의와 국제적 원칙에 관해 가르치는 것은 평화교육자가 추구하는 변혁적 행위 주체성의 함양은커녕 좌절과 환멸을 불러일으킬 수 있다. 비판적이지만 낙관적인 접근 방식은 학생들이 비대칭적 권력관계와 구조적 폭력에 대해, 또 그런 상황에서 인권 원칙은 행동에 어떻게 영향을 미칠 수 있는지에 대해 알게 해 준다.

비판적 평화교육은 민족 간 분쟁이 만연하고 인권 침해가 발생한 상황에서 중요한 역할을 한다. 난민 수용소에서의 평화교육 교육과정 실행Inter-Agency Network for Education in Emergencies, 2005과 같이 국제적 추세가 된 인권 침해 피해자를 위한 평화교육은 불완전한 전략인데, 이는 각각의 상황에서 권력을 쥔 사람들까지 대상으로 해야 하기 때문이다. 분쟁 후 교육은 종종 "우리 민족에게"라는 말이 덧붙여진 "다시는 안 된다"라는 주문을 외친다. 비판적 평화교육자들은 역사적으로 많은 국제적 맥락에서 나타나듯이 "피해자들"이 "가해자"가 되지 않도록, 진지한 성찰과 역사적 사실에 근거하여 "어떤 민족에게도 다시는 안 된다"라고 믿고 행동하는 데 개인들과 공동체를 참여시키는 작업을 해야 한다.Mamdani, 2002 따라서 평화교육은 인권 침해의 가해자와 피해자를 평화교육 대상자로 대할 때 공명정대함을 우선시해야 한다. 비판적 평화교육자들이 교과서 개정 전략에 영향을 미치고, 언론과 대중문화를 통해 다름에 대한 존중을 고취하고, 인권과 사회정의를 위한 포괄적인 캠페인에 참여하기 위해서는 인터넷에서 미리 설정된 수업계획을 내려받는 것보다는 현지 역사에 대한 지식이 필요하다.

비판적 평화교육자들은 아래로부터 평화교육에 영향을 줄 수 있는 가치관과 신념들을 더 잘 이해하기 위해, 현지 평화교육의 영향을 받는 인권에 대한 현지의 관행과 의미 부여를 검토해 보는 것이 좋을 것이다. 예를 들어, 항상 그런 것은 아니지만 인도의 간디주의 연구는 평화교육의 원리에 깊이 공감한다.[Prasad, 1998] 이와 같은 현지 맥락에 대한 조사는 프레이리가 교육자들에게 요청한 참여적 연구에 호응하는 것인데, 대화를 가능하게 하고 학생의 비판의식을 고양할 수 있는 '생성적 주제'를 개발하기 위한 것이다.[Spener, 1990] 인권을 현지화하고 보편적 개념을 강요하는 것을 자제하면, 더 큰 정의를 어떻게 성취할 수 있고 어떤 유형의 교육이 그것을 촉진할 수 있는지에 대한 많은 정보를 얻을 수 있다.

게다가 현지 사례에 관심을 기울이는 인권교육은 종종 이질적으로 여겨지는 개념에 중요한 역사적 근거를 제공한다. 역사가들은 아이티 혁명(결점에도 불구하고)과 같은 더 큰 형평과 정의를 향한 집단행동을 고취할 수 있는 중요한 투쟁을 무시하면서 인권을 이야기하는 서구의 편견을 지적해 왔다.[Knight, 2005] 평화교육자들이 경제적, 정치적, 문화적 세계화에서 생성된 하이브리드적 의미를 이해하기 위해 현지에 시선을 돌리면 상호 학습이 많이 일어날 수 있다. 인권학자 마이클 이그나티에프[Michael Ignatieff, 2000]는 다음과 같이 지적한다.

> 인권은 권력자의 이익에 도움이 되어서가 아니라 주로 힘없는 사람의 이익을 증진했기 때문에 전 세계로 퍼져 나갔다. 인권은 불의한 국가와 억압적인 사회질서에 대항하는 평범한 사람들의 투쟁을 지속시키기 위하여, 서구에서 독립한 문화와 세계관의 토양에 뿌리를 내리며 현지에 다가감으로써 세계화되었다.[p. 290]

현지 투쟁에 관한 관심이 인권을 통해 정의를 추구하는 집단적 행위 주체성을 정당화한다. 이 대규모 인권 프로젝트에는 교육에 대한 접근권과 교육 내용이 핵심 원칙으로 자리 잡고 있다. 비판적 평화교육자들은 구조적 불평등에 대한 교육 참여자의 분석과 이런 문제들을 해결하기 위해 행동하는 행위주체성을 동시에 길러야 한다는 목표를 가지고, 인권 및 정의 문제에 대한 현지에 적합한 교육과정을 개발해야 한다.

중심 틀로서의 행위주체성

교육학에서는 불평등한 학교에서 학생들이 참여에 보이는 다양한 반응을 탐구하는 방법으로 학생의 행위주체성을 검토하기 시작했다.[Aronowitz & Giroux, 1993; Giroux, 1997; Willis, 1977] 신마르크스주의 이론과 포스트모던 교육 이론의 틈새에 자리한 행위주체성에 대한 연구는 저항의 유형을 크게 두 유형-"대립적인" 유형과 "변혁적인" 유형-으로 구분했다. 지루[Giroux, 1997] 같은 학자들이 비판적 교육학에서 한층 더 개념화한 변혁적 행위주체성은 프레이리의 급진적 희망 개념에 뿌리를 두고 있다. 이는 "도덕적 행위주체성과 정치적 행위주체성이 합쳐져서, 더 나은 삶과 사회를 상상하는 것이 의미하는 바를 진지하게 받아들이는 희망의 담론과 정치활동 모두를 어떻게 고무하는지"를 잘 보여 준다.[Giroux, 1988, p. 38]

프레이리에 따르면, 교육은 집합적 사유 및 행동의 기회와 결합해 변혁적 행위주체성을 촉진할 수 있는 학생들의 비판의식을 키워야 한다. 이러한 과정이 평화교육 활동에 많은 도움이 된다. 평화교육을 선도하는 학자인 베티 리어든[Reardon, 2001]은 평화교육학자와 실천가의 핵심역량으로 '글로벌 행위주체성'을 중요하게 언급한다. 하지만 그것이 수반하는 것과 학생들이 개별적인 상황에서 그것을 획득할 수 있는 과정에 대한 종합적인 설명은 평화를 향한 희망과 행동의 필연적 결합을 촉진하기 위해 비판적 평화교육자들이 발전시켜야 한다. 따라서 평화교육에 관한 연구의 주요 역할은 평화와 사회정의를 위해 학생들이 집합적으로 생각하고 행동할 수 있게 하는 과정들을 규정해 주기보다는 그 과정에 영향을 주고 일반화하는 우리의 능력을 키우는 것이다.

구조와 행위주체성 사이의 변증법적 긴장이 변혁적 행위주체성의 이상주의적 약속에 이의를 제기하지만, 사회 변화를 상상하는 데 필수적인 구성물로서의 가치를 깎아내리지는 않는다. 거대한 정치적, 경제적, 역사적 세력들은 학생들의 행위주체성이 함양되자마자 그것이 발현되지 못하게 하겠지만, 평화교육학자와 실천가는 사회 변화를 위한 의식화된 행동이라는 목표에 다가가기 위해 학교와 사회의 장애물을 처리해야만 한다. 따라서 집단행동과 급진적 평화정치는 맥락에 따라 다른 의제가 되더라도, 비판적 평화교육의 필수 구성 요소가 된다. 현상에 의문을 품고 사회적 갈등의 구조적 원인을 검토하지 못하는 접근 방식은 대체로 경제적, 정치적 특권층의 요구에 부응한다. 포괄적 평화의 가능성을 배제하는 고질적인 사회적 불평등을 해결하고 변화가 효과적으로 이루어지기 위한 급진적인 변화는 폭력적이어서는 안 된다.

특히 다민족 교실에서 학생들의 행위주체성을 발휘하지 못하게 하는 데에서 나아가 이를 박탈하지 않도록, 평화교육의 개념적 기초를 재검토하여 권력, 지배, 상징적 폭력 또는 문화적 강제를 파악하기 위해 노력해야 한다. 구르지에프Gur-Ze'ev, 2001가 지적하듯이, 평화교육에 대한 일반화된 선언이 오히려 폭력을 낳을 수 있다. 많은 평화교육학자들의 기본적 준거가 서구의 것이긴 하지만, 비판적 평화교육자들은 별개의 물질적, 사회적 조건을 무시하며 보편화하려는 유혹을 견뎌 내고 현지 실상을 이해해야 한다.

평화와 폭력의 본질에 대한 거대서사는 현지의 신념, 고유의 역사, 투쟁의 맥락을 무시한다. 평화의 현지 의미와 이를 증진하려는 새로운 계획들에 관한 연구가 시험적으로 이론적 일반화의 원천이 될 수도 있는 학문적인 문헌들에 영향을 줄 수 있다. 2004년에 창간된 〈평화교육저널 Journal of Peace Education〉은 이 분야의 학문적 엄격함을 향한 중요한 진전을 나타낸다.[Synott, 2005] 달리 공통성이 없는 다양한 학문적 및 프로그램적 시도들에 "평화교육"이라는 용어를 사용하는 경우가 늘어서, 학문체계에 들어갈 수 있고 아직 유동적인 경계를 정의해 줄 수 있는, 변혁적 행위주체성 또는 낙관주의 같은 확실한 개념을 발전시킬 필요가 있다.

평화교육 연구와 실천을 구조화하고 제한하며 또 가능하게 하는 더 큰 사회적, 정치적 현실을 고려함으로써, 학습자들이 형평과 사회정의를 향한 행동에 참여하게 하는 평화교육의 변혁적 잠재력에 활기를 불어넣을 수 있으며 또 그래야만 한다. 방법의 문제는 학습 대상 맥락에 근거하고 형평과 사회정의를 증진하기 위한 평화교육의 근본 원칙과 대조하며 다루어야 한다. 종종 의도와 결과 사이의 간극이 발생하는 점을 감안할 때, 평화교육 분야의 연구자와 실천가에게는 윤리적 고려 사항이 가장 중요하다.

결론

비판적 평화교육의 복원을 요구하는 것은 평화교육을 쪼개려는 시도가 아니라 학자와 실천가들에게 평화교육에 관한 연구를 고려하라고 권고하는 것이다. 평화교육이 여러 상황에 모두 적용될 수 있다는 접근 one-size-fits-all approach에서 벗어나 맥락과 상황을 반영하는 관점으로 나아가는 것이 평화교육에서 생성된 지식의 정당성과 타당성을 더욱 높일 수 있을 것이다. 다음의 제안들은 비판적 평화교육에 다시금 주목하게 한다.

- 비판적 평화교육 시도의 목표는 폭보다 깊이가 되어야 한다. 평화교육에 대한 더 많은 연구와 엄밀한 방법론을 통해 규정이 아닌 일반화를 도출할 수 있으며 또 그래야 한다.
- 인권과 이를 둘러싼 논쟁을 정태적이고 고정된 것으로 취급해서는 안 된다. 대신, 학생들이 더 큰 국제 기준을 다룰 수 있는 역량을 갖추도록 인권 시스템의 복잡성과 난해함을 가르쳐야 한다. 환멸보다는 건설적 참여를 증진하기 위해, 국민국가의 우위성, 법적 집행의 한계, 그리고 인권 담론에서의 서구적 편견에 대해 학생들이 나이와 학년에 적합한 방식으로 탐구해야 한다.
- 난민이나 소수민족 등 소외 집단이 평화교육 개입의 독점적인 대상이어서는 안 된다. 분쟁의 구조적인 근원에 대한 분석 없이 인지된 사회적 통합의식을 "표준화"하거나 "복구"하려는 평화교육은 폭력을 해결하기는커녕 오히려 악화시킬 위험이 있다.
- 프레이리의 비판의식과 '의식화된 실천praxis'에 뿌리를 둔 변혁적

행위주체성은 연구자, 실천가, 참여자 등이 각각의 경제적, 정치적, 역사적, 사회적 맥락에 적절한 방식으로 연구하고 함양해야 한다. 그와 같은 행위주체성의 실현에 대한 구조적 및 거시적 수준의 제약은 평등, 참여 및 사회정의를 증진하기 위해 논의되고, 분석되고, 건설적으로 다루어져야 한다.

- 연구와 실천은 이른바 중립 공간에 존재하는 비대칭적 권력관계에 주의를 기울여야 한다. 따라서 지속적인 평가, 성찰, 새로운 계획의 잠재 위험에 대한 주의를 보장하기 위해 교육 및 연구 프로젝트 참가자들의 참여가 모든 단계에서 추구되어야 한다. 또한 일관되고 철저한 참여는 교육하고 연구하는 과정을 민주화할 것이다. 평화교육의 목표에는 "권력 문해power literacy"의 개발 혹은 서로 다른 권력의 자리를 차지하고 있는 사람들 사이의 복잡한 상호작용을 분석하는 능력 개발이 포함되어야 한다.^{Kincheloe, 2002, p. 119}

- 연구자들은 연구 대상 맥락에 적합한 방법을 개발해야 하며 그로써 연구 과정이 폭력적이지 않게 하고 연구하는 과정을 통해 연구자와 응답자 모두의 행위주체성이 강화되게 해야 한다. 이러한 방식으로 비판적 평화교육은 교육을 비판적으로 연구하는 학자들이 연구 노력의 성과로서 정교하게 만들어 낸 '해방 약속'을 추구할 수 있다.^{Denzin & Lincoln, 2000}

위와 같은 권고는 학자들에게 연구의 본질에 대한 통찰을 제공하고, 평화교육이 무엇인지, 무슨 일을 하는지, 교육 전반의 학문과 실천에 무엇을 내어주는지 등에 관한 혼란을 해결할 수도 있는 방안을 제공한다.

현재, 평화교육의 학문, 가르침, 실천 등이 두 진영으로 나뉘는 것으로 보인다. 한 진영은 더 큰 보편성을 요구하고[Lenhart & Savolainen, 2002; Lin, 2006], 다른 진영은 지역 수준의 현실에 더 큰 관심을 기울이라고 제안한다.[Salomon & Nevo, 2002; Vasquez, 1976] 이렇게 규범적인 것과 과학적인 것으로 나뉘는 분열이 반드시 상호 배타적이지는 않지만[Vasquez, 1976], 각각의 관점이 별개의 분석과 세계관을 내포하기 때문에 학자와 실천가의 주의가 필요하다. 이 장에서는 오늘날 전 세계에서 점점 더 복잡하게 나타나는 모든 형태의 폭력을 다룰 수 있는 잠재력을 고려하여, 평화교육 분야에서 학문적 엄밀성을 지향하는 후자의 접근 방식을 선호한다. 새로워진 비판적 평화교육은 각자 환경에서 사회적, 정치적, 경제적 갈등의 원인과 규모를 검토하기 위한 분석적이고 방법론적인 전략을 제공할 수 있다. 평화교육이 무엇이고 무엇이 아닌지의 경계를 더 잘 정의함으로써, 학제적인 분야의 학자와 실천가들이 학교 안팎에서 정의와 형평에 대한 약속을 향하여 더 많은 추진력을 가지고 협업할 수 있다.

참고문헌

Althusser, L. (1979). *Reading capital*. London: Verso.

Aronowitz, S., & Giroux, H. (1993). *Education still under siege*. Westport, CT: Greenwood.

Bajaj, M. I. (2004). Human rights education and student self-conception in the Dominican Republic. *Journal of Peace Education*, *1*(1), 21-36.

Bourdieu, P., & Passeron, J. (1977). *Reproduction in education, society and culture*. London: Sage.

Bowles, S., & Gintis, H. (1976). *Schooling in capitalist America*. London: Routledge.

Burns, R. J., &c Aspelagh, R. (1983). Concepts of peace education: A view of western experience. *International Review of Education*, *29*(3), 311-330.

Denzin, N. K., & Lincoln, Y. S. (2000). *Handbook of qualitative research* (2nd ed.). Thousand Oaks, CA: Sage.

Diaz-Soto, L. (2005). How can we teach peace when we are so outraged? A call for critical peace education. *Taboo: The Journal of Culture and Education, Fall Winter*, *9*(2), 91-96.

Freire, P. (1970). *Pedagogy of the oppressed*. New York: Continuum.

Galtung, J. (1969). Violence, peace, and peace research. *Journal of Peace Research*, *6*(3), 167-191.

Giroux, H. (1988). *Schooling and the struggle for public life: Critical pedagogy in the modern age*. Minneapolis: University of Minnesota Press.

Giroux, H. (1997). *Pedagogy and the politics of hope*. Boulder, CO: Westview Press.

Gur Ze'ev, I. (2001). Philosophy of peace education in a postmodern era. *Educational Theory*, *51*(3), 315-336.

Haavelsrud, M. (1996). *Education in developments*. Norway: Arena.

Harber, C. (2004). *Schooling as violence*. London: Routledge.

Harris, I. (2004). Peace education theory. *Journal of Peace Education*, *1*(1), 5-20.

Ignatieff, M. (2000, April). *Human rights as politics*. Paper presented at The Tanner Lectures on Human Values at Princeton University, NJ.

Inter-agency Network for Education in Emergencies. (2005). *Peace education programme*. Retrieved November 6, 2007, from http://www.ineesite.org/page.asp?pid=1008

Kincheloe, J. (2002). *The sign of the burger: McDonalds and the culture of power*. Philadelphia: Temple University Press.

Knight, F. (2005). The Haitian Revolution and the notion of human rights. *The Journal of the Historical Society, V*(3), 391-416.

Lenhart, V., & Savolainen, K. (2002). Human rights education as a field of practice and theoretical reflection. *International Review of Education, 48*(3-4), 145-158.

Lin, J. (2006). *Love, peace, and wisdom in education: A vision for education in the 21st century*. Lanham, MD: Rowman & Littlefield.

Mamdani, M. (2002). *When victims become killers: Colonialism, nativism, and the genocide in Rwanda*. Princeton, NJ: Princeton University Press.

Mirra, C. (2008). *U.S. foreign policy and the prospects for peace education*. Jefferson, NC: McFarland Press.

Montgomery, K. (2006). Racialized hegemony and nationalist mythologies: Representations of war and peace in high school history textbooks, 1945-2005. *Journal of Peace Education, 3*(1), 19-37.

Prasad, S. N. (1998). Development of peace education in India (since independence). *Peace Education Mini Prints, 95*, 1-14.

Reardon, B. (1988). *Comprehensive peace education*. New York: Teachers College Press.

Reardon, B. (1997). Human rights as education for peace. In G. Andreopoulos & R. P. Claude (Eds.), *Human rights education for the twenty first century* (pp. 21-34). Philadelphia: University of Pennsylvania Press.

Reardon, B. (2001). *Education for a culture of peace in a gender perspective*. Paris, France: UNESCO.

Rieff, D. (1999). A new age of liberal imperialism? *World Policy Journal, 16*(2), 1-10.

Rossatto, C. A. (2005). *Engaging Paulo Freire's Pedagogy of Possibility*. Oxford, England: Rowman and Littlefield.

Salomon, G., & Baruch, N. (2002). *Peace education: the concept, principles, and practices around the world*. London: Erlbaum.

Spener, D. (1990). *The Freirean approach to adult literacy education*.

National Center for ESL Literacy Education 1990. Retrieved April 25 2007, from http://www.cal.org/caela/esl_resources/digests/FREIREQA.html

Synott, J. (2005). Peace education as an educational paradigm: review of a changing field using an old measure. *Journal of Peace Education*, *2*(1), 3-16.

United Nations. (2007). *United Nations encyclopedia*. Retrieved April 25 2007, from http://www.history.com/encyclopedia.do?articleId=224820#fw.un009200.a.t010.r100

Vasquez, J. A. (1976). Toward a unified strategy for peace education: Resolving the two cultures problem in the classroom. *The Journal of Conflict Resolution*, *20*(4), 707-728.

Willis, P. (1977). *Learning to labor: How working class kids get working class jobs*. New York: Columbia University Press.

Wintersteiner, W. (1999). *Pedagogy of the other: Building blocks for peace education in the postmodern world*. Munster, Ireland: Agenda.

Wulf, C. (1974). *Handbook of peace education*. Frankfurt, Germany: International Peace Research Association.

17장
통합 기반 평화교육

H. B. 다네쉬(H. B. Danesh)

서론

평화교육의 개념적 딜레마는 가장 중대한 문제이다. 많은 평화이론이 갈등을 출발점으로 하고 폭력의 중지(소극적 평화)를 주된 목적으로 한다. 갈등은 인간의 삶에 내재하는 것이어서 피할 수 없으며 심지어 필연적인 면이 있다고 보는 것이 지대한 영향을 미쳤는데, 그중 가장 중요한 것이 평화학의 지향과 평화교육 프로그램의 효과성에 관한 것이다. '갈등'을 평화이론의 중심에 두고 '갈등 관리'를 궁극적인 목적으로 삼음으로써, 평화학은 평화의 본질과 평화 구축의 역학관계를 연구하는 기본적인 존재 이유를 포기했다. 대부분 평화이론이 개인, 기관, 공동체, 시민사회 및 정부의 고유한 역량 개발과 평화 구축 과정을 통해 폭력을 방지하고 조화로운 관계를 만드는 데 충분히 역점을 두지 않는다. 더욱이 현재의 평화연구 및 평화교육의 개념적 구성이 평화롭고 정의로우며, 통합되면서도 다양하고, 번영하면서 인정 많고, 기술적으로 진보하면서 환경적으로 건강하며, 지적으로 풍요롭고 도덕적으로 건전한 평화의 문명을 건설하는 중요한 과제에 관심을 기울이지 않는다.

갈등과 폭력의 원인에 대한 현시대의 사조를 주의 깊게 살펴보면, 어떤 기본적 가정이 개인 내, 개인 간 그리고 집단 간에서 다양하게 표출되는 갈등 현상에 관한 대다수 이론의 토대를 이룬다는 것을 알 수 있다. 이 가정은 기본적으로 생존, 안보, 기쁨, 개인과 집단의 정체성 문제에 초점을 맞추고, 개인 간/집단 간의 권력투쟁과 치열한 경쟁을 필연적이고 불가피한 삶의 과정으로 간주하며, 이러한 투쟁의 피할 수 없는 결과가 갈등이라고 생각한다.Dahrendorf, 1958; Wehr에서 인용한 Coser, 2001 이러한 이론들에 따르면, 우리가 이룰 수 있는 최선은 갈등의 파괴성을 줄이고 갈등이 공격과 폭력으로 변하기 전에 해결하는 도구를 개발하는 것이다. 대부분의 평화 관련 이론과 행동에서 "갈등"을 가장 중요하게 다루는 이유는, 피할 수 없는 분쟁의 부정적 결과를 상쇄하기 위한 다양한 연구자와 실천가들의 주목할 만한 노력이 있었기 때문이다. 이들 중에는 "상위 목표들"Deutsch, 1973; Galtung & Jacobsen, 2000; Worchel, 1986, 협력적 분쟁 해결Deutsch, 1994; Johnson, Johnson & Tjosvold, 2000, 원칙에 입각한 협상Fisher, Ury & Patton, 1991, 갈등 전환Bush & Opp, 2001; Lederach, 1995 및 안정된 평화Boulding, 1977, 1978, 1991; Galtung, 1996와 같은 분쟁 해결에 대한 몇 가지 개념과 접근 방식이 있다.

지난 10년을 거쳐오며, 평화와 갈등에 관한 새롭고 도전적인 관점이 제안되었는데, 통합이 모든 인간관계를 규율하는 주요 법칙이며, 갈등은 통합의 부재라고 정의되었다. 이러한 개념을 바탕으로 통합적 평화이론ITP, integrative theory of peace이 제시되고, 보스니아-헤르체고비나에서 약 8만 명의 학생 그리고 수천 명의 교사와 학부모가 참여하는 포괄적 통합 기반 평화교육 프로그램-평화를 위한 교육EFP, education for peace-이 100개 이상의 학교에서 만들어져 성공적으로 실행되었다.Clarke-Habibi, 2005;

Danesh, 1986, 2002 & 2006; Danesh & Danesh, 2002a, 2002b, 2004

통합적 평화이론(ITP)

ITP는 평화가 인간 삶의 개인 내, 개인 간, 집단 간, 국가 간 및 세계적 영역에서 표출되는 심리적, 사회적, 정치적, 윤리적, 영적 상태라는 개념을 기반으로 한다.

ITP는 평화를 비롯한 인간의 모든 존재 상태가 인간의 인지적(이해하는), 정서적(사랑하는), 능동적(선택하는) 역량의 결과물이라고 생각하는데, 이 역량들이 함께 세계관의 성격을 결정한다. ITP는 심리사회적 발달과 평화교육이라는 이슈에 대한 기존 연구 성과에서 갈등 해결에의 발달적 접근, 그리고 보스니아-헤르체고비나의 112개 학교에서 '평화를 위한 교육'을 7년간 실시한 관찰을 통해 발견한 내용을 제시했다. ITP는 다음의 네 가지 하위이론으로 구성된다.

- 평화는 도덕적, 영적 상태이면서 심리사회적, 정치적 상태이다.
- 평화는 통합 기반 세계관의 주된 표현이다.
- 통합 기반 세계관은 평화의 문화와 치유의 문화를 창출하기 위한 전제조건이다.
- 포괄적, 통합적인 평생교육이 통합 기반 세계관을 고취하는 가장 효과적인 접근 방식이다.

이에 더해서, ITP는 평화가 다음의 조건을 기반으로 두고 있음을 상정한다.

- 생존, 안전 및 안보에 대한 인간의 욕구 충족
- 인간의 자유, 정의 및 상호연계성 추구
- 인간의 의미, 목적 및 정의로움 추구

이 이론은 평화란 인간의 개인적, 사회적 성숙 과정의 가장 훌륭한 열매라고 주장한다. 이는 궁극적으로 자기중심적이고 불안에 시달리는 생존 및 투쟁 본능, 정체성 형성 과정의 이분법적 긴장에서 벗어나 우리가 근본적으로 하나이며 모든 인류, 사실상, 모든 생명과 연결되어 있음을 자각하는 보편적이고 총체적인 의식으로 전환되는 상태를 말한다.

앞으로 설명할 통합, 세계관, 인간의 개인적/집단적 발달이라는 세 개념이 ITP의 토대를 이룬다.

통합(Unity) 개념

통합 개념은 갈등이 아니라 통합이 삶의 중심 법칙이며, 일단 통합이 확고해지면 갈등은 대체로 예방되거나 쉽게 해결됨을 전제한다. 통합은 다음과 같이 정의된다.

둘 이상의 유일무이한 독립체들을 조화, 통합 및 협력 상태로 수렴하여, 통합 및 복잡성 수준이 같거나 더 높은, 진화하는 독립체들을 새로이 창출하는 의식적이고 의도적인 상태.[Danesh & Danesh, 2002a, p. 67]

통합의 원동력은 다양한 존재 조건에서 다양하게 표현되는 사랑이다. 이 정의는 통합이란 심리적, 사회적, 도덕적, 기타 모든 표현 양상에서 보이는 의도적인 현상이지 의도, 목적 및 조직적 활동 없이 우연히 발생하는 것은 아님을 나타낸다. 우리는 통합을, 그리고 삶에 도움이 되는 상태를 창출하는 것을 선택하거나 또는 그 반대를 선택할 수 있다. 통합의 법칙을 어기는 순간, 모든 파괴적 속성을 가진 갈등이 우리의 개인 내, 개인 간, 사회적 과정 및 관계를 형성한다. 간단히 말해서, "갈등은 통합의 부재이고 분열은 갈등의 원천이자 원인"이다.

세계관 개념

세계관은 주로 기계론, 유기체론, 맥락주의라는 세 개의 틀 안에서 다양하게 정의되고 있다.

- 기계론적 세계관은 발전과 변화의 역동성뿐만 아니라 개인과 세계도 기계적인 틀로 바라본다.
- 유기체론적 세계관은 세계를 항구적으로 변화하고, 적응하며, 수정해가는 살아 있는 유기체로 본다.
- 맥락주의적 세계관은 모든 인간 행위가 특정한 사회-역사적 맥락 안에서 의미를 갖고 또 이해할 수 있는 것이라고 간주한다.[Miller, 1999]

ITP 및 EFP에 대한 문헌들에 따르면, 세계관의 개념은 현실, 인간 본성, 삶의 목적, 인간관계의 성격 및 질에 대한 우리의 관점을 지칭한다. 세계관 형성에 있어 갈등과 평화 모두와 관련하여 중요한 역할을 하는 개인과 집단의 서사와 정체성 구성은 정말 중요한 이슈이다.[Bar-Tal, 2000,]

2002; Salomon, 2002, 2006 우리의 세계관은 각자의 삶의 경험, 교육, 특유의 개인적 자질 및 창의성에 의해 형성된다. 세계관 형성에 영향을 주는 이 세 초점 중에서 교육의 역할이 특히 중요한데, 종국적으로 교육이 우리가 삶의 경험에 반응하고 이를 형성하는 방식에 깊은 영향을 미치기 때문이다. 모든 사회는 가정과 학교에서, 특히 종교, 문화, 역사 등 공동체 자원을 통해 어린이와 청소년에게 제공하는 교육의 초점, 철학, 범위를 결정한다. 우리는 세계관의 틀 안에서 자신을 이해하고, 사건을 설명하고, 다른 사람의 말과 행동을 해석한다. 우리의 세계관은 또한 우리의 철학적 관점과 과학적 공식 및 패러다임에도 영향을 미친다.

[표 17.1] 세계관의 세 메타 범주의 특징

생존 기반 세계관	정체성 기반 세계관	통합 기반 세계관
• 아동기의 전형 • 사회의 발전에서 농경시대 및 산업화 이전 시대에 대응됨 • 가난, 불의, 무정부 상태, 물리적 위협 및 전쟁 속에서 발달함 • 삶의 과정을 위험한 것으로 간주 • 인간 본성을 나쁨(약함) 아니면 좋음(강함)으로 보는 이분법적 관점을 바탕으로, 인간을 선 또는 악으로 분별 • 삶의 주된 목적은 생존 • 모든 관계는 지배와 복종의 맥락에서 이루어짐−물리력을 사용하는 성향 및/또는 순응 • 갈등과 폭력은 불가피함 • 권위주의가 리더십과 통치의 주된 양식임	• 청소년기의 전형 • 개인과 사회 모두의 점진적인 성숙기에 대응됨 • 권위주의 또는 혁명적 상황과 빠른 사회 변동에서 벗어나는 기간에 특히 만연하게 나타남 • 삶을 "적자생존"의 무대로 간주 • 민족, 국적, 인종, 종교 등의 집단 정체성과 개성에 초점을 맞춘, 인간 본성에 대한 개인주의적 관점 • 삶의 주된 목적은 "소유"와 "이기는 것"인데, 이는 인간 본성이 탐욕스럽고 이기적이라는 관념에 부합됨 • 모든 관계는 극심한 경쟁을 매개로 하여 작동함 • 갈등은 인간 본성에 내재된 것이며, 진보를 위해 불가피하다고 생각함 • 대립적 민주주의가 리더십과 통치의 주된 양식임	• 성인기의 전형 • 인류가 하나라는 의식에 기초한 인간성의 성숙 단계와 부합함 • 인간의 개인적/집단적 발달의 다음 단계임 • 삶을 통합 구축의 과정으로 간주 • 인간 본성은 고귀하고 창의적이며 통합적인 잠재력이 있고 천성과 교육의 힘에 즉각적인 반응을 보인다고 생각함 • 인간 삶의 주된 목적을 평등, 정의, 자유, 도덕, 다양성 및 통합의 문명을 창조하는 것이라고 생각함 • 모든 관계는 다양성의 맥락 안에서 통합 법칙을 매개로 하여 작동함 • 갈등은 통합의 부재로 간주 • 통합 기반 민주주의가 리더십과 거버넌스의 주된 양식으로 부상하고 있음

Danesh, 2002, 2006.

생존 기반, 정체성 기반, 통합 기반이라는 세계관의 메타 범주는 아동기, 청소년기, 성인기에 대략 상응하는 심리사회적 발달 단계를 매개로 하여 구별된다. 생존 기반과 정체성 기반의 세계관은 각각 지배와 투쟁이라는 권력 문제를 중심으로 하며, 이는 갈등과 폭력으로 흐르기가 매우 쉽다. 이 세 가지 세계관의 메타 범주의 주요 특징은 [표 17.1]에 요약되어 있다.

개인적 및 집단적 발달의 개념

'인간 발달'은 프로이트[1940], 피아제[1960], 에릭슨[1968], 플라벨[1999], 반두라[1977] 등 많은 연구자와 이론가들의 중심 주제였다. 이 이론들은 주로 개인의 발달과 관련이 있으며, 이차적으로 사회적 실체의 발달 역학을 다루고 인간 발달의 환경 및 경험 차원과 더불어 생물학적 차원에 초점을 맞춘다.

발달의 환경 및 경험 측면은 인간의 엄청난 학습, 사고 및 자기인식 역량, 간단히 말해서, 인간 의식human consciousness과 관련 있다. 인간 발달은 의식을 중심축으로 하여 이루어지며, 이는 우리가 환경에 영향을 미치고 변화시키는 일에 참여하는 방식과 세계관을 모두 형성한다. 그러므로 우리는 시간이 지남에 따라 다양하게 표출되는 자신, 타자, 자연 및 현실에 대해 더 크게 이해하게 된다. 이 새로운 이해는 결국 자신, 타자 및 환경에 대한 우리 행동을 수정하고 모든 관계의 본질을 끊임없이 다듬어 가는 데 도움이 된다. 세계관 발달의 정상적인 방향은 항상 더 높은 수준의 통합을 지향하는 것이다. 인간 발달의 두 가지 주요 동력은 모든 자연현상을 지배하는 근본 법칙을 발견하는 과학, 그리고 인생의 목적과 방향을 알려 주는 영적 법칙을 밝히고 설파하는 종교이다.

인간 의식의 발달은 통합적이고 창조적인 속성을 가지고 있으며 그 유익한 결과는 개인, 사회 및 환경 등 관련된 모든 것에 영향을 미친다. 이러한 창조적 순환에서 개인의 발달은 사회의 진보에 기여하고, 이는 결국 개인이 발달하는 과정을 촉진한다. 개인의 진정한 힘이 존재하고 구성원들의 역량을 강화하는 사회의 역량이 나타나는 곳은 바로 이 지점이다.

평화를 위한 교육(EFP)

ITP의 주요 개념을 기반으로 지난 10년(1997~2007) 사이에 '갈등 없는 갈등 해결CFCR, conflict-free conflict resolution'Danesh & Danesh, 2002a, 2002b, 2004 과 '평화를 위한 교육EFP'Clarke-Habibi, 2005; Danesh, 2006; Danesh & Clarke-Habibi, 2007을 포함한 여러 통합 기반 평화 프로그램이 개발되었다. 1999년 9월 보스니아-헤르체고비나의 사라예보에서 CFCR 워크숍이 열렸다. 여기에 정부 관리, 그 나라에서 활동하는 국제단체의 구성원, 그리고 많은 언론인이 참가했다. 보스니아-헤르체고비나의 참가자들은 1992~1995년의 끔찍하고 재앙적인 내전을 겪은 세 주요 민족 집단의 구성원이었다. 이 워크숍의 긍정적인 결과를 보고, 정부와 국제단체의 관리들이 국제평화교육연구소International Education for Peace Institute에 보스니아-헤르체고비나의 학교로 EFP 프로그램을 가져와 달라고 초청장을 보냈다.

EFP 프로그램은 초등 및 중등학교를 위한 포괄적이고 통합적인 평화교육 프로그램이다. 이 프로그램은 보스니아-헤르체고비나의 6개(초등 3개, 중등 3개) 학교에서 최초로 시범 운영되었으며 나중에 총 112개 학교로 확대되었다. 이 학교들에는 1992~1995년의 폭력적인 내전에 연루된 보스니아인(무슬림), 크로아티아인(가톨릭), 세르비아인(정교회) 출신의 학생 8천여 명, 교사 5천여 명, 학부모 수천 명이 있다. 이들 학교공동체는 전국에 걸쳐 65개의 마을, 읍, 도시에 소재하고 있다.

ITP가 제시하는 평화교육 프로그램의 성공 조건은 네 가지로, 통합기반 세계관, 평화의 문화, 치유의 문화 그리고 모든 교육활동을 위한 평화 기반 교육과정을 제시한다. 이러한 조건을 기반으로 EFP 프로그램은 다음 네 개의 주요 과제에 초점을 맞추고 있다. (a) 학교공동체의 모든 구성원이 자신의 세계관을 되돌아보고 점진적으로 평화 기반 세계관을 개발하도록 지원한다. (b) 모든 참가자가 학교공동체 내에서 그리고 학교공동체들 사이에서 평화의 문화를 조성하는 일에 착수하도록 지원한다. (c) 공동체 구성원이 자신, 가족, 지역주민에게 영향을 미치는 장기간에 걸친 갈등의 피해를 점진적이면서 효과적으로 회복할 수 있게 돕는 능력을 갖춘 치유의 문화를 조성한다. (d) 새로운 갈등을 성공적으로 예방하고, 일단 발생하면 폭력에 의존하지 않고 평화적으로 해결하는 방법을 배우는 것을 지원한다.

갈등 지향에서 평화 지향으로의 세계관 전환 과정이 EFP의 모든 전제조건을 충족하고 주요 목표를 달성하는 틀이다. 이러한 맥락에서 평화의 문화는 평등, 정의, 개인과 집단의 안전 및 안보, 그리고 윤리적, 합법적, 민주적 실천 맥락에서의 자유라는 원칙들이 규범력을 가지는 환경을 지칭한다. 치유의 문화는 개인 간 및 집단 간 수준에서의 진실과 진실성, 신뢰와 신뢰성, 공감과 협력, 형평성과 공정함, 용서와 화해라는 원칙들로 특징지어진다. 보스니아-헤르체고비나 학교의 EFP 프로그램 적용 과정에서 참가 학교들에게 평화의 문화와 치유의 문화가 일단 조성되면, 유익한 결과인 자아성취와 우수성의 문화가 생겨나는 것을 입증할 수 있었다. 여기서 자아성취와 우수성의 문화는 학교공동체의 모든 구성원이 각자 학습 활동의 학문적, 예술적, 행동적, 윤리적, 기술적 측면에서 높은 성취를 추구하도록 장려하고 촉진하는 환경을 말한다.

EFP의 통합적 교육과정은 보편성과 특수성을 모두 갖도록 설계되었다. 교육과정의 보편성은 평화의 보편적 원리-인류의 공동 유산, 이 공동 유산이 나타나는 다양한 방식, 그리고 갈등과 폭력에 의존하지 않고 동일성 및 다양성의 틀 안에서 통합되고 평화로운 세계를 창조해야 할 절대적 필요-를 의미한다. 평화교육의 원리는 보편적이지만 그 실행은 맥락에 따라 달라진다. 각기 다른 사회를 위해, EFP 국제 교수진이 당해 공동체의 교육자 및 전문가와 긴밀히 협력하며 그 공동체의 고유한 특성, 요구 및 도전을 적절히 고려하여 EFP 교육과정의 구체적 적용방안을 설계한다.

EFP의 통합적 교육과정은 유연한 형식으로 설계되었기 때문에 EFP 교육과정 및 기타 평화교육 프로그램을 실행하는 과정에서 얻어진 통찰과 새로운 연구 결과를 고려하여, 전 세계 학교에서 이를 수정하고 진화시킬 수 있다. EFP 교육과정은 상호 연결되면서 독립적인 10권의 책으로 이루어졌으며, 이 10권이 포괄적이고 통합적인 평화교육 교육과정을 구성한다. 이 교육과정은 문학, 역사, 수학, 생물학, 사회학, 음악 등 모든 과목을 탐구하는 틀을 제공하도록 구성되었다. EFP 프로그램에서 훈련받은 교사는 평화의 원칙에 익숙해지고, EFP의 "이해 중심" 접근 방식을 사용하여 그 원칙들을 일상 수업에서 그리고 학생들과 함께하는 활동에서 구현하는 방법을 배운다. 학생들은 평화의 일반 원칙과 개념을 탐구함으로써 각 교과 영역의 정보와 자료를 맥락 속에서 파악하는 능력과 한 영역의 학습을 다른 영역의 관련 문제와 연결하는 능력을 개발하게 된다.

EFP 교육과정은 접근 방식에서 학제적이며, 개인 내, 개인 간, 집단 간 및 국가 간 수준의 평화 문제에 적용되는 다양한 학문 분야에서 뽑아낸 것이다. 이 교육과정은 평화교육에 관한 최신 연구와 문헌은 물론이고 심리학, 교육방법론, 정치학, 사회학, 법학, 종교학, 역사, 갈등 해결, 예술 및 기타 평화 관련 분야에서 얻어진 통찰에 기반한다.

결론

통합 기반 평화교육은 개념 차원과 실천 차원 모두에서 평화연구에 대한 새로운 접근 방식이다. 통합을 삶의 주요 법칙이자 평화 조성의 가장 중요한 힘으로 여기는 통합적 평화이론ITP은 이 분야에서 갈등의 역할을 우선시하는 것을 거부한다. ITP는 통합의 부재가 갈등이며, 갈등 해결과 평화 조성은 오직 통합 기반 세계관의 맥락에서 가능하다고 주장한다. 통합 기반 평화교육의 뛰어난 사례 중 하나가 보스니아-헤르체고비나의 극심하게 분열된 '분쟁 후 사회'에서 학생 규모가 큰 많은 학교에 성공적으로 적용되었고 현재 세계 다른 지역의 학교에도 점진적으로 도입되고 있는 EFP 프로그램이라 할 수 있다.

참고문헌

Bandura, A. (1977). *Social learning theory.* New York: General Learning Press.

Bar-Tal, D. (2002). The elusive nature of peace education. In G. Salomon & B. Nevo (Eds.), *Peace education: The concept, principles, and practices around the world* (pp. 27-36). Mahwah, NJ: Erlbaum.

Bar-Tal, D. (2000). *Shared beliefs in a society.* Thousand Oaks, CA: Sage.

Boulding, K. (1977). Twelve friendly quarrels with Johan Galtung: *Journal of Peace Research, 14*(1), 75-86.

Boulding, K. (1978). Future directions of conflict and peace studies. *The Journal of Conflict Resolution, 22*(2), 342-354.

Boulding, K. (1991). Stable peace among nations: A learning process. In E. Boulding, C. Brigagao, & K. Clements, (Eds.). *Peace, culture and society: Transnational research and dialogue* (pp. 108-14). Boulder, CO: Westview Press.

Bush, K. D., & Opp, R. J. (2001). *Peace and conflict impact assessment.* International Development Research Centre. Retrieved November 6, from http://www.idrc.ca/en/ev-27981-201-1-DO_TOPIC.html

Clarke-Habibi, S. (2005). Transforming worldviews: The case of Education for Peace. *Journal of Transformative Education, 3*(1), 33-56.

Dahrendorf, R. (1958). Toward a theory of social conflict. *Journal of Conflict Resolution, 2,* 170-83.

Danesh, H. B. (1986). *Unity: The creative foundation of peace.* Ottawa and Toronto, Canada: Bahá'i Studies Publications and Fitzhenry & Whiteside.

Danesh, H. B. (2002) Breaking the cycle of violence: Education for peace. In *African civil society organization and development: Re-Evaluation for the 21st century* (pp. 32-39). New York: United Nations.

Danesh, H. B. (2006) Towards an integrative theory of peace education. *Journal of Peace Education, 3*(1), 55-78.

Danesh, H. B., & Clarke-Habibi, S. (2007). *Education for peace curriculum manual*. Neuchâtel, Switzerland: EFP-International.

Danesh H. B., & Danesh, R. P. (2002a). Has conflict resolution grown up?: Toward a new model of decision making and conflict resolution. *International Journal of Peace Studies*, *7*(1), 59-76. Retrieved November 6, 2007, from http:// www.gmu.edu/academic/ijps/vol7 1/Danesh.html

Danesh H. B., & Danesh, R. P. (2002b). A consultative conflict resolution model: beyond alternative dispute-resolution. *International Journal of Peace Studies*, *7*(2), 17-33.

Danesh H. B., & Danesh, R. P (2004). Conflict-free conflict resolution: Process and methodology. *Peace and Conflict Studies*, *11*(2), 55-84.

Deutsch, M. (1973). *The resolution of conflict: Constructive and destructive processes*. New Haven, CT: Yale University Press.

Deutsch, M. (1994). Constructive conflict resolution: Principals, training and research. *Journal of Social Issues*, *50*, 13-32.

Erikson, E. (1968). *Identity, youth, and crisis*. New York: W. W. Norton.

Fisher, R., Ury, W., &c Patton, B. (1991). *Getting to yes: Negotiating agreement without giving in* (2nd ed). New York: Penguin Books.

Flavell, J. H. (1999). Cognitive development: Children's knowledge about the mind. *Annual Review of Psychology*, *16*, 21.

Freud, S. (1940). *An outline of psychoanalysis*. New York: W. W. Norton.

Galtung, J., & Jacobsen, C. G. (2000). *Searching for peace: The road to TRANSCEND*. London: Pluto Press.

Galtung, J. (1996). *Peace by peaceful means: Peace and conflict, development and civilisation*. Oslo, Norway: PRIO.

Johnson, D., Johnson, R., & Tjosvold, D. (2000). Constructive controversy: The value of intellectual opposition. In M. Deutsch & P. T. Coleman (Eds.), *The handbook of conflict resolution: Theory and practice*. San Francisco: Jossey-Bass.

Lederach, J. P. (1995). *Preparing for peace: Conflict transformation across cultures*. Syracuse, New York: Syracuse University Press. Retrieved November 12, 2007, from http://spot.colorado.edu/~wehr/40RD2.TXT

Miller, P. (1999). *Theories of developmental psychology* (3rd ed). New York: W. H. Freeman.

Piaget, J. (1960). *The child's conception of the world*. Paterson, NJ: Littlefield, Adams.

Salomon, G. (2002). The nature of peace education: Not all programs are equal. In G. Salomon & B. Nevo (Eds.), *Peace education: The concept, principles, and practices around the world.* Mahwah, NJ: Erlbaum.

Salomon, G (2006). Does peace education really make a difference? *Peace and Conflict: Journal of Peace Psychology, 12*(1), 37-48.

Wehr, P. (2001). *Conflict theory and analytic sociology.* University of Colorado at Boulder Department of Sociology course chapter. Retrieved November 12, 2007, from http://spot.colorado.edu/~wehr/40RD2.TXT

Worchel, S. (1986). The role of cooperation in reducing intergroup conflict. In S. Worchel & W. G. Austin (Eds.), *Psychology of Intergroup Relations* (pp. 288-304). Chicago: Nelson-Hall.

배려이론Caring theory

"배려자"와 "피배려자" 간의 대화와 상호 기여를 핵심으로 하는 호혜적 관계를 설명하는 이론. 배려 관계는 갈등 예방을 목표로 한다.Noddings, 1984/2003; Reardon, 1985; Ruddick, 1989

시민교육Civic education

더욱 능동적이며, 식견을 갖추고, 열심히 참여하는 시민들을 길러 내기 위한 그리고 사람들이 국민국가 개념에 동조하도록 장려하기 위한 지식을 전수하는 교육이다.미국 국제개발처(USAID), 2002

포괄적 평화교육Comprehensive peace education

사람들이 폭력에 대한 인식과 의식을 갖고 공통의 개념적 틀 안에서 인본주의적이고 안전한 지구촌 세계를 창조하는 능력과 태도를 갖추도록 역량을 강화해 주는 철학과 지식을 전수하는 교육. 인권교육, 분쟁 해결, 핵무기 및 군축 교육 등 다른 영역을 포함하고 통합한다.Harris & Morrison, 2003; Reardon, 2000

갈등 해결 교육Conflict resolution education

갈등의 본질, 갈등을 평화적으로 해결하는 과정 그리고 대안적인 갈등 해결책에 대한 이해와 지식을 전수하는 교육이다.[Harris & Morrison, 2003; Reardon, 2000]

세계시민주의Cosmopolitanism

인간과 문화적 차이의 광범위한 다양성에도 불구하고, 인류와 공동 가치에 대한 도덕적 관념은 생각, 문화 및 이념의 경계를 초월한다는 철학이다.[Appiah, 2006]

비판의식Critical consciousness

학습자들이 억압적 상황을 비판적으로 인식하고 더 민주적인 사회로 향해 가기 위해 자신의 역사적, 사회적 조건에 의문을 제기하고 도전해야 한다는 사회정치적 개념. 파울로 프레이리는 이 개념을 "의식화 conscientization"라고 지칭한다.[Freire, 1970; Stevens, 연도 미상]

비판적 사고Critical thinking

의식적이고 정밀한 추론을 통해 가정들을 검토하고 의문을 제기함으로써 정보와 명제를 개념화하고, 분석하며, 평가하는 체계적인 과정. 행동에 영향을 미치는 신념의 개발을 이끄는 것을 목표로 한다.[Huitt, 1988; Mertes, 1991; Scriven & Paul, 1992]

평화의 문화Culture of peace

자유, 정의, 민주주의, 관용, 연대, 협력, 다원주의, 문화적 다양성, 대화 및 이해로 귀속되는 일련의 가치관, 태도, 전통, 행동 양식, 또한 모든 인권, 비폭력, 기본적 자유에 대한 강한 존중을 보여 준다. 이런 문화를

조성하는 데는 교육이 중요하다.유네스코, 1999

대화식 방법Dialogical method

학생과 교사 모두가 가르치고 배우는, 학생과 교사 간의 열린 소통을 권장하는 학습 접근법. 학생이 학습 과정에 능동적으로 참여하지 않는 강의식 구성 방식에 찬성하는 은행저금식 접근과 대조된다.Freire, 1970/1994; Stevens, 연도 미상

군축교육Disarmament education

무기의 생산과 획득이 미치는 사회적, 정치적, 경제적, 문화적 영향에 대한 의식을 일깨우는 지식을 전수하는 교육. 확산 방지를 통한 평화 증진을 목표로 한다.유네스코, 1980

담론Discourse

언어, 복잡한 기호 및 실천을 통해 현실을 지각하고 이해하는 방식이 역사적, 사회적 맥락에 따라 형성되고 구축된다는 것을 인정하는 의사소통 체계이다.Leistyna, Woodrum & Sherblom, 1996

환경교육Environmental education

생태계 파괴, 지역사회 환경 악화 그리고 만물의 총체성과 상호연계성 등에 관한 지식을 전수하는 교육. 환경에 대한 책임성을 가지고 환경적 지속가능성의 한계 내에서 살아가는 방법을 학습하는 것을 목표로 한다.Harris & Morrison, 2003; Reardon, 2000

페미니즘 교육Feminist education

지역적으로 그리고 세계적으로 가부장적 폭력을 고려하고 가부장제가 어떻게 시스템의 폭력과 연관되는지를 생각하는, 사회적·문화적 핵심 가치에 이의를 제기하는 교육. 공감 및 비폭력 규범을 널리 알리는 것을 목표로 한다.Brock-Utne, 1985; Harris & Morrison, 2003; Reardon, 2000

미래교육Futures education

미래에 대하여 비판적이고 창의적으로 생각하는 데 필요한 지식, 이해, 능력을 전수하는 교육이다.Hicks, 2004; Hicks & Slaughter, 1988

세계시민Global citizen

세계적 문제를 인식하고, 다양성을 존중하며, 사회적 불의에 분노하는 능동적이고 참여적인 세계의 시민으로서 책임감을 가지는 사람. 세계를 더 공평하게 만들려는 공동체 참여에 적극적이다.Oxfam, 2006

인권교육Human rights education

인권과 기본적 자유를 존중하고, 인간 잠재력의 완전한 발현을 믿으며, 이해, 관용 및 형평성을 증진하는 보편적 문화를 조성하기 위한 지식과 능력을 전수하는 교육이다.유엔, 1996

해방교육Liberatory education

억압적인 사회적 조건에 도전하는 역량을 강화하도록 학습자를 의식화하는 지식을 전수하는 교육. 학습자들이 해방과 정의를 위한 사회적 투쟁에 능동적으로 참여하게 준비시키는 것을 목표로 한다.Freire, 1970;

Stevens, 연도 미상

군사주의Militarism

군대 및 전쟁과 연관된 군사문화가 정치적·시민적 생활에 스며들어 있다는 개념. 군사주의적 가치, 행동 및 사상이 문화적 위세를 가져다주며 민간 생활의 모든 분야에 나타난다.Vagts, 1981; Wahlstrom, 1991

다문화교육Multicultural education

다른 문화와 생활방식에 대한 존중을 장려하는 지식을 전수하는 교육. 인류에 대한 근본적인 이해의 증진을 목표로 한다.Reardon, 2000

소극적 평화Negative peace

직접적 또는 물리적 폭력의 부재, 전쟁과 분쟁 및 물리적 폭력을 예방하는 것을 목표로 한다.Galtung, 1964/1969

평화교육Peace education

평화를 성취하고 유지하는 능력과 이에 관한 지식 그리고 방해가 되는 장애물에 대한 지식을 전수하는 교육이다.Reardon, 2000

평화학Peace Studies

평화 프로세스와 더불어 개념으로서의 평화를 연구하는 학문. 전쟁과 갈등의 원인 그리고 이를 회피하는 방법에 초점을 맞춘다.Harris & Morrison, 2003

지구에 대한 관리책임Planetary stewardship

모든 개인이 지구의 관리인이며, 흔히 말하듯, 지구를 존중하고 돌봐야 할 책임을 갖는다는 개념이다.Ardizzone, 2007

적극적 평화Positive peace

구조적 폭력의 부재. 불평등과 불의를 만들어 내는 구조를 축소함으로써 더욱 민주적인 시스템을 발달시키는 것을 목표로 한다.Galtung, 1964/1969

구조적 폭력Structural violence

특권 집단이 다른 사람들을 착취하거나 억압하는 사회적 불평등 상태. 시민적 권리, 보건 및 교육과 같은 인간의 기본적 필요를 박탈함으로써 생겨난다.Galtung, 1969; Harris & Morrison, 2003

변혁적 낙관론Transformative optimism

모든 개인이 자신을 구조적 변화를 위한 집단적 과정에 필요하고 공헌할 수 있는 존재로 여긴다면, 구조적 폭력을 극복할 수 있다고 전망하는 관점이다.Rossatto, 2005

참고문헌

Ardizzone, L. (2007). *Gettin' my word out: Voices of urban youth activists.* New York: State University of New York Press.

Appiah, K. A. (2006). *Cosmopolitanism: Ethics in a world of strangers.* New York: W. W. Norton.

Brock-Utne, B. (1985). *Educating for peace: A feminist perspective.* New York: Pergamon Press.

Freire, P. (1970). *Pedagogy of the oppressed.* New York: Continuum Press.

Freire, P. (1994). *Pedagogy of hope: Reliving pedagogy of the oppressed.* New York: Continuum.

Galtung, J. (1964). An editorial. *Journal of Peace Research, 1*(1), 1-4.

Galtung, J. (1969). Violence, peace and peace research. *Journal of Peace Research, 6*(3), 167-191.

Harris, I., & M. Morrison (2003). *Peace education* (2nd ed.). Jefferson, NC: McFarland.

Hicks, D. (2004). Teaching for tomorrow: how can futures studies contribute to peace education? *Journal of Peace Education, 1,* 165-178.

Hicks, D., & Slaughter, R. (Eds.). (1988). *Futures education: The world yearbook of education 1998.* London: Kogan Page.

Huitt, W. (1998). *Critical thinking: An overview* (Educational Psychology Interactive). Valdosta, GA: Valdosta State University. Retrieved November 6, 2007 from, http://chiron.valdosta.edu/whuitt/col/cogsys/critthnk. html [Revision of paper presented at the Critical Thinking Conference sponsored by Gordon College, Barnesville, GA, March, 1993.]

Leistyna, P., Woodrum, A., & Sherblom, S. A. (1996). *Breaking free: The transformative power of critical pedagogy.* Cambridge, MA: Harvard Educational Review.

Mertes, L. (1991). Thinking and writing. *Middle School Journal, 22,* 24-25.

Noddings, N. (2003). *Caring: A feminine approach to ethics and moral education.* Berkeley, CA: University of California Press. (Original work published 1984)

Oxfam. (2006). *Education for global citizenship: A guide for schools*. Oxford, England: Oxfam.

Reardon, B. (1985). *Sexism and the war system*. New York: Teachers College Press.

Reardon, B. A. (2000). Peace education: A review and projection. In B. Moon, S. Brown, & M. B. Peretz (Eds.), *International companion to education* (pp. 21–34). New York: Routledge.

Rossatto, C. A. (2005). *Engaging Paulo Freire's pedagogy of possibility*. Oxford, England: Rowman & Littlefield.

Ruddick, M. (1989). *Maternal thinking: Toward a politics of peace*. Boston: Beacon Press.

Scriven, M., & Paul, R. (n.d.). *A working definition of critical thinking*. Retrieved November 6, 2007, from http://lonestar.texas.net/~mseifert/crit2.html

Stevens, C. (n.d.). *Critical pedagogy on the web*. Retrieved November 5, 2007, from http://mingo.info-science.uiowa.edu/~stevens/critped/terms.htm

United Nations. (1996). *Report of the United Nations High Commissioner for Human Rights on the implementation of the Plan of Action for the United Nations Decade for Human Rights*. Retrieved November 6, 2007, from http://www.unhchr.ch/huridocda/huridoca.nsf/(Symbol)/A.51.506.Add.1.En?OpenDocument

United Nations Educational, Scientific and Cultural Organization (1980). *World Congress on Disarmament Education: Report and final document*. Paris, France: UNESCO.

United Nations Educational, Scientific and Cultural Organization. (1999). *Declaration and programme of action on a culture of peace* (Resolution A/53/243). New York: United Nations General Assembly.

United States Agency for International Development (2002). *Approaches to civic education: Lessons learned*. Washington, DC: USAID.

Vagts, A. (1981). *A history of militarism*. (Rev. ed.). Westport, CT: Greenwood Press.

Wahlstrom, R. (1991, March). *Peace education meets the challenge of the cultures of militarism* (Peace Education Miniprints No. 11). Lund University, Sweden: Malmo School of Education.

모니샤 바자즈Monisha Bajaj

컬럼비아대학교 교육대학의 국제문화학과Department of International and Transcultural Studies의 교육학 전공 조교수였으며, 현재는 샌프란시스코대학교 다문화국제학부 교수로 재직 중이다. 그녀는 잠비아, 인도, 도미니카와 뉴욕 등 다양한 맥락에서의 평화교육, 인권교육, 교육 정책 및 관행에 관심을 가지고 연구와 강의를 하고 있다. 최근에는 남인도의 달리트Dalit 또는 불가촉천민 아동을 위한 인권교육 프로그램을 연구하는 새로운 프로젝트를 착수시켰다. 바자즈는 유네스코, 유니세프 및 미국 내외의 다양한 민간단체를 위한 평화교육과 인권교육에 관한 교육과정을 개발했다.

레슬리 바틀릿Lesley Bartlett

컬럼비아대학교 교육대학의 국제비교교육학 및 교육인류학 프로그램 소속 조교수였으며, 현재는 위스콘신-매디슨대학교 교육정책학 및 인류학 교수이다. 그녀는 비판적 교수법, 사회문화적 문해 연구, 인종 불평등, 계급 불평등, 이주 등에 관심을 가지고 연구와 강의를 하고 있다. 또한 『언어와 세계: 문해의 문화적 정치*The Word and the World: The Cultural Politics of Literacy in Brazil*』2009, Hampton Press Inc라는 책의 저자이다.

로빈 J. 번스Robin J. Burns

9개국의 개발교육에 대한 비교연구로 박사학위를 받은 이후, 1980년대 초반 호주에서 최초로 교사 교육 분야에서 평화교육 강좌를 개설했다. 그녀는 평화, 개발, 정의, 인권, 공평성 같은 사회적·정치적·경제적 문제에 대한 교육 내용 사이에 강한 관련성이 있다고 주장해 왔다. 1983년부터 86년까지 국제평화학회 평화교육연구회PEC의 간사를 맡았다. PEC의 전임 간사인 로버트 아스페슬래그Robert Aspeslagh와 『세계 평화교육의 30년Three Decades of Peace Education around the World』New York: Garland, 1996을 공동 편집했다. 라트로브대학교에서 은퇴한 때부터, 라트로브대학교의 공중보건학과에서 비상위험관리에 관한 프로젝트와 고령화 및 고령자 돌봄에 관한 저술을 맡은 겸임 부교수로서, 오지(남극대륙, 우즈베키스탄, 나미브사막, 시베리아의 알타이공화국)에서의 과학적 현장연구에 관한 장기 프로젝트에 집중해 왔다. 그녀는 비교교육과 사회교육, 정의 문제와 자연보호에 관심을 유지하며, 노인대학에서 선택 과목을 가르치고 모험 여행을 즐기고 있다.

H. B. 다네쉬H. B. Danesh

캐나다 왕립의과대학 전임의이며, 스위스 란데그 국제대학원의 초대 원장(1998~2003)이자 국제평화교육연구소 설립자이다. 그는 오스트리아 유럽평화대학의 평화교육 및 갈등해결 초빙교수, 유엔 남아프리카개발프로그램 "리더십" 자문위원(2005~2006), 오타와대학교의 정신의학과 부교수(1973~1985)를 역임했다. 그는 바하이Baha'i 연구협회 설립자 중 한 명이다. 다네쉬 박사는 그의 전문 영역에서 많은 논문을 썼을 뿐 아니라, 평화교육 통합교육과정 11권 그리고 『통합: 평화의 창조적 근원

Unity: The Creative Foundation of Peace』, 『폭력 없는 사회: 아이들을 위한 선물The Violence-Free Society: A Gift for Our Children』, 『영성의 심리학: 분열된 자아에서 통합된 자아로The Psychology of Spirituality: from divided self to integrated self』, 『폭력 없는 가족: 평화로운 문명을 위한 토대 만들기The Violence-Free Family: Building Block of a Peaceful Civilization』를 포함한 저서 5권의 저자 혹은 공저자이기도 하다.

린 데이비스Lynn Davies

버밍엄대학교 교육학과 국제교육학 명예교수이다. 그녀의 주요 관심 분야는 국제적인 학교운영 및 교육과정이며, 특히 민주주의, 시민성, 젠더 및 인권에 관하여 가르치고 연구하며 자문하고 있다. 그녀는 분쟁과 갈등 그리고 교육에 주목하며 분쟁 그리고/또는 평화 혹은 시민성 회복에 교육이 어떻게 공헌하는가를 보고자 하였다. 이를 위해, 앙골라, 스리랑카, 코소보, 보스니아, 팔레스타인, 말라위, 감비아에서 관련 연구를 수행했으며, 아울러 유네스코협동학교에 대해 유네스코와 함께 연구했다. 현재의 연구 프로젝트는, 분쟁 후 앙골라의 학교교육 향상; 스리랑카의 평화와 사회통합을 위한 교육; 학교교육 향상에서 학생운영위원회의 업무에 관한 것이다. 그녀의 저서 『교육과 갈등: 복잡성과 혼돈Education and Conflict: Complexity and Chaos』[2004]은 2004년 올해의 책으로 교육학회 상을 받았다. 그리고 『극단주의에 맞서는 평화교육Educating Against Extremism』[2008]은 한국어로 번역되었다.[2014, 강순원 옮김, 한울]

셰릴 더크워스Cheryl Duckworth

교사이고 학생이면서, 평화 조성 프로그램의 지도자이자 갈등해결 정책 분석가로서 다자외교연구소, 국제교육교류센터 같은 단체에서 일해왔다. 그녀는 짐바브웨와 파라과이에서 살았으며, 평화교육, 인권, 세계안보, 민주적 거버넌스, 빈곤퇴치정책에 초점을 두고 정책 작업을 했다. 그녀는 전 세계적으로 출판하고 발표하는 활동을 이어왔다. 조지메이슨대학교 갈등연구소에서 파라과이 원주민 권리 운동에 대한 박사학위 논문을 발표하였고, 북부 버지니아의 소년원에서 가르친 경험도 있다. 현재 노바상우스이스턴대학의 부교수로, 질적연구방법, 갈등해결의 기초, 기억과 갈등해결, 평화교육 등을 가르치고 있다.

요한 갈퉁 Johan Galtung

전 세계 80여 개국에서 300명 이상이 회원으로 활동하는 TRANSCEND의 설립자이자 책임자이며 TRANSCEND 평화대학TPU 학장이다. TRANSCEND는 평화적 수단에 의한 갈등전환을 위한 평화 및 개발 네트워크이다. 경험이 풍부한 평화운동가이자 평화학 교수인 그는 평화학의 창시자로 그리고 이론과 실천 면에서 평화와 갈등 전환의 선구자 중 한 명으로 널리 알려져 있다. 그는 지난 40여 년 동안 전 세계의 45개 주요 분쟁에서 조정하고 폭력을 방지하는 일을 돕는 데 적극적인 역할을 해 왔으며, 유엔 최초의 교관/참가자를 위한 매뉴얼인『평화적 수단에 의한 갈등 전환: TRANSCEND 접근』UNDP, 2000을 집필했다. 하와이대학교, 비텐/헤어데케대학교, 트롬쇠대학교, 알리칸테대학교, 리쓰메이칸대학교, 유럽평화대학 등에서 평화학을 가르쳤다. 갈퉁은 1959년에 오슬로평화연구소PRIO를 설립하고, 1964년에 〈Journal of Peace Research〉를 창간했으며, 2000년에 노르딕평화연구소NIFF를 공동으로 출범시켰다. 그는 평화적 갈등 전환, 심층 문화, 평화 교수법, 화해, 개발, 평화 조성 및 역량 강화, 글로벌 거버넌스, 직접적·구조적·문화적 폭력/평화, 평화 저널리즘 및 시사평론을 포함해 광범위한 분야를 다루는 1,000편 이상의 글을 발표했으며, 수십 개 언어로 번역된 100권 이상의 책을 출간했다. 저서로는 『초월과 변혁Transcend and Transform』Pluto Press, 2004, 『TRANSCEND에 이르는 평화를 찾기 위한 길 Searching for Peace the Road to TRANSCEND』Pluto Press, 2000 & 2002, 『평화적 수단에 의한 평화: 평화와 갈등, 개발과 문명Peace by Peaceful Means: Peace and Conflict, Development and Civilization』SAGE, 1996, 『평화 연구와 방법론에 대한 공저Collective Essays on Peace Research and Methodology, Christian Ejlers, Copenhagen』, 『전쟁과 평화에 대한 60개의 연설문 모음60 Speeches on War and Peace』PRIO, 1990이 있다. 한국에서 번역서로 출간된 책으로는 『평화적 수단에 의한 평화Peace by Peaceful Means』1996, 2000, 이재봉 외 옮김, 들녘, 『거시사의 세계Macrohistory and Macrohistorians』2005, 요한 갈퉁·소하일 이나야툴라 엮음, 노영숙 옮김, 우물이 있는집, 『평화 저널리즘Reporting Conflict: New Directions in Peace Journalism』 2010, 2016, 요한 갈퉁·제이크 린치, 김동진 옮김, 선인 등이 있다.

마그누스 하벨스루드Magnus Haavelsrud

노르웨이 트론헤임에 소재한 노르웨이과학기술대학교의 교육학 및 평생교육학 명예교수이다. 그는 주로 교육사회학과 평화연구의 관점에서 교육의 재생산 역할에 대한 비판과 이 재생산을 초월할 가능성을 다룬다. 1970년대 초에 국제평화학회의 평화교육연구회PEC 창설에 참여했으며, 1975~1979년 동 연구회의 2기 간사로 일했다. 1974년 세계교육회의에서 프로그램 위원장을 맡았으며, 『평화를 위한 교육: 성찰과 행동 Education for Peace: Reflection and Action』을 표제로 한 이 회의의 공식 기록을 편찬했다. 그는 독일평화 및 갈등연구위원회의 카를 폰 오시에츠키 객원교수를 역임했다. 주요 저서는 다음과 같다. 『개발에서의 교육Education in Developments』[1996], 『교육사회학에서의 관점Perspectives in the Sociology of Education』[1997, 2판], 『평화 연구에서의 교육Education Within the Archipelago of Peace Research 1945-1964』[Mario Borrelli와 공저, 1993], 『무장해제: 폭력과 평화에 대한 담론Disarming: Discourse on Violence and Peace』[편저, 1993], 『군축교육 방법Approaching Disarmament Education』[편저, 1981]

이안 해리스Ian Harris

위스콘신대학교-밀워키의 교육정책 및 지역사회연구학과 명예교수이다. 〈Journal of Peace Education〉을 창간했고 국제평화연구협회(재단법인) 회장을 맡고 있다. 그가 공동으로 저술한 『평화교육Peace education』[2003]은 한국에서 『평화교육: 미래를 위한 교육, 세계를 위한 비전』[2011, 박정원 옮김, 오름]으로 번역되었다.

데이비드 힉스David Hicks

영국의 바스스파대학교 교육대학 초빙 교수이다. 그는 교육과정에 글로벌 차원과 미래 차원이 필요하다는 저술로 국제적으로 알려졌으며, 그의 주요 관심 분야는 학생과 교사가 미래에 대해 보다 비판적이고 창의적으로 생각하도록 돕는 방법이다. 그는 미래교육과 글로벌 교육에 관해 폭넓게 저술했으며, 이전에는 평화교육에 관해서도 저술했다. 저서로는 『국제적 차원 가르치기: 주요 원리와 효과적인 교수실천Teaching the Global Dimension: Key Principles and Effective Practice』[Cathie Holden과 공저, 2007], 『미래를 위한 수업: 교육에서 놓치기 쉬운 부분Lessons for the Future: The

Missing Dimension in Education』[2005] 등이 있다. 『*Education for Peace*』[1988] 는 『평화교육의 이론과 실천』[1993, 고병헌 옮김, 서원]으로 번역되었다.

찰스 F. 하울릿Charles F. Howlett

몰리 칼리지의 교육과 대학원 과정에서 가르치고 있다. 그는 마리스트 칼리지, 올버니대학교, 컬럼비아대학교에서 학위를 받았다. 풀브라이트 장학생으로 네덜란드에 유학했으며 우드로우 윌슨 재단의 장학금을 받는 대학원생 조교였다. 그는 7권의 책을 저술하고 학술지와 대중잡지에 150편 이상의 글을 기고했다. 그가 로비 리버맨Robbie Lieberman과 공저한 『기대: 미국 역사 속 평화와 사회정의의 선구자들에 대한 조사 *Looking Forward: A Survey of Pioneers for Peace and Social Justice in American History*』가 출간될 예정이다.

칼 미라Carl Mirra

뉴욕주 가든시티에 소재한 애들피대학교 루스 암몬 교육대학의 부교수이다. 그는 『자유를 지속할 것인가 또는 전쟁을 지속할 것인가? 21세기 새로운 미국의 전망과 비용*Enduring Freedom or Enduring War? The Prospects and Costs of the New American 21th Century*』[Maisonneuve Press, 2005]을 편집했으며, 『미국의 외교 정책과 평화교육의 전망*U.S. Foreign Policy and the Prospects for Peace Education*』[McFarland Press]을 저술했다. 또 Palgrave/ Macmillian 출판사의 요청으로 이라크전쟁에 대한 구술사를 완성하는 중이다. 그는 저널인 〈좌파의 역사Left History〉, 〈미국의 외교술American Diplomacy〉, 〈평화 비평Peace Review〉, 〈ZNet 네트워크〉에 글을 써 왔다. 그는 컬럼비아대학교 교육대학에서 석사학위, 박사학위를 받았다.

넬 나딩스Nel Noddings

스탠퍼드대학교 교육학과 명예교수이다. 그녀는 전미 교육아카데미, 교육철학회, 듀이 학회의 회장을 역임했다. 『페미니즘 관점으로 본 윤리·도덕교육A Feminine Approach to Ethics and Moral Education』, 『여성과 사악함Women and Evil』, 『학교에서 배려의 도전The Challenge to Care in Schools』, 『유능함을 위한 교육에 대한 신념 또는 불신Educating for Intelligent Belief or Unbelief』, 『교육철학Philosophy of Education』 등 16권의 저서가 있으며, 배려윤리에서 수학적 문제해결에 이르기까지 다양한 주제에 대한 200여 편의 글을 썼다. 저서로 『행복과 교육Happiness and Education』, 『국제적 인식을 위한 시민교육Educating Citizens for Global Awareness』, 『비판적 수업: 우리 학교가 가르쳐야 하는 것은 무엇인가 Critical Lessons: What Our Schools Should Teach』와 『학교 개혁이 잘못된 길로 갈 때When School Reform Goes Wrong』가 있다. 『Peace Education』2012은 한국에서 『평화교육』2019, 추병완 외 옮김, 하우으로 번역되었다.

제임스 S. 페이지James S. Page

평화교육 박사학위를 가지고 있으며, 호주와 해외에서 최근에는 서던크로스대학교와 퀸즐랜드공과대학교에서 가르쳤다. 평화와 전쟁에 대한 사회적 태도를 조사하는 연구 프로젝트의 호주 측 코디네이터 역할을 하기도 했다. 페이지 박사는 평화교육에 관해 다양한 저서를 출간했으며, 저서로 『평화교육: 윤리적 그리고 철학적 기초 탐색Peace Education: Exploring Ethical and Philosophical Foundation』이 있다.

데일 T. 스노워트Dale T. Snauwaert

털리도대학교 주디스 허브 교육대학의 비폭력 및 민주교육센터 책임자이자 교육철학 교수이다. 그는 1983년 일리노이대학교-시카고에서 철학과를 졸업했으며, 교육 정책으로 석사학위를 받고 1990년 일리노이대학교-어바나 샴페인에서 교육철학 박사학위를 받았다. 그는 콜게이트대학교, 미주리대학교, 컬럼비아대학교 교육대학, 애들피대학교에서 가르쳤으며, 1995년 미국교육학회 비평가상을 받은 『민주주의, 교육 그리고 통치: 개념정립Democracy, Education, and Governance: A Developmental Conception』뉴욕주립대학교출판사, 1993의 저자이다. 〈Educational Theory〉, 〈Journal of Educational Thought〉, 〈Peabody Journal of Education〉, 〈Holistic Education Review〉, 〈Current Issues in Comparative Education〉, 〈The Online Journal of Peace and Conflict Resolution〉, 〈Encounter〉와 같은 학술지에 민주교육, 교직의 본질, 도덕교육, 통전론적 교육, 국제윤리 등의 주제에 대해 많은 글을 발표했다. 현재 지구 헌장Earth Charte을 틀로 삼아 전쟁 및 평화의 윤리와 인권교육에 관한 책을 집필하는 중이다. 또한 〈In Factis Pax〉(평화교육과 사회정의에 관한 온라인 학술지)의 편집장을 맡고 있다.

펠리사 티비츠Felisa Tibbitts

하버드 교육대학원과 유엔평화대학의 겸임 교수로 재직했으며, 현재는 위트레흐트대학교의 법학, 경제 및 거버넌스 학과의 인권교육위원장이며, 컬럼비아대학교 교육대학의 국제교육개발 프로그램 강사이다. 또한 유네스코 인권 및 고등교육 위원장이며, 인권에 관한 교육과 학습에 전념하는 국제 민간단체인 인권교육협회HREA의 공동창립자이자 이

사이다.http://www.hrea.org 그녀는 루마니아, 알바니아, 에스토니아, 우크라이
나, 크로아티아, 모로코 및 중국에서 국가 교육과정에 인권교육, 법 관
련 시민교육 프로그램을 반영하려는 개혁 노력을 지원했으며, 20개국에
서 교사 연수를 진행했다. 티비츠는 인권교육 주제에 관해 광범위하게
글을 발표했으며, 유럽회의, 유니세프, 유네스코, 유럽안보협력기구, 열
린사회연구소, 유엔 인권고등판무관실 등의 자문역 전문가이다. 그녀는
〈Intercultural Eduction〉의 편집위원이고, 국제앰네스티 미국지부의 인
권교육 운영위원이며, 민주교육 및 인권교육에 관한 미국자문위원회기구
의 구성원이다.

옮긴이 소개

권순정

영국 버밍엄대학교에서 박사학위를 취득하였으며 현재 서울특별시교육청교육연구정보원 교육정책연구소 연구위원으로 재직하고 있다. 박사학위 논문으로 「한국 학교교육에서 폭력과 평화교육의 적합성에 관한 연구(Violence in South Korean schools and its relevance to peace education)」를 발표하였으며, 이후 문화로서의 평화교육 논의를 중심으로 학교폭력, 학교혁신, 학생인권, 교육 불평등과 돌봄 등의 연구를 수행하였다. 최근 주요 관심 분야는 세계시민교육, 미래교육, 학생과 교사의 주체성이다.

오덕열

연세대학교에서 박사학위(교육인류학 및 질적연구방법)를 취득하였으며 현재 연세대학교 교육연구소에서 전문연구원으로 재직하고 있다. 평화학과 통일교육을 주제로 비판적 실행연구를 수행한 박사논문을 발표하였고, 관련 분야 연구와 강의, 실천가로서의 교육 활동을 병행하고 있다. 주요 관심 분야는 평화교육, 통일교육, 남북관계, 질적 연구 등이다.

정지수
현재 비폭력평화물결 등 여러 평화 관련 단체에서 평화교육 실천가로 활동하고 있으며, 가톨릭대학교 교육학과에서 박사과정(평생교육)을 밟고 있다. 한나 아렌트의 공론 영역을 기반으로 한 평화교육 프로그램 모형을 주제로 박사논문을 준비하고 있다. 주요 관심 분야는 평화교육, 대안교육, 평생교육 등이다.

참고문헌

Andreopoulos, G., & Claude, R, P (Ed.). (1997). *Human rights education for the twenty first century.* Philadelphia: University of Pennsylvania Press.

Assefa, H. (1993). *Peace and reconciliation as a paradigm: A philosoplhy of peace and its implications on conflict, governance, and economic growth in Africa.* Unpublished manuscript, Nairobi.

Bajaj, M. (2004). Human rights education and student self-conception in the Dominican Republic. *Journal of Peace Education, 1*(1), 21-34.

Bajaj, M. & Hantzopoulos, M. (Eds.). (2016). Peace Education: International Perspectives. New York & London: Bloomsbury.

Bell, W. (Ed.). (1997). *Foundations of futures studies* (Vol. 2). New Brunswick, NJ: Transaction.

Bell, W. (1998). Understanding the futures field. In D. H. R. Slaughter (Ed.), *Futures education: The world yearbook of education.* London: Kogan Page.

Bell, W. (2004). The study of images of the future. In *Foundations of Futures Studies* (Vol.1, pp.81-86). New Brunswick, NJ: Transaction.

Bezold, C. (2005). The visioning method. In R. Slaughter (Ed.), *Knowledge base of futures studies* (Vol.2). Brisbane: Foresight International.

Bonisch, A. (1981). Elements of the modern concept of peace. *Journal of Peace Research, 18*(2), 165-173.

Boulding, E. (1988). Uses of the imagination. In *Building a global civic culture.* New York: Teachers College Press.

Boulding, E., & Boulding, K. (1995). *The future: Image and processes.* London: SAGE.

Boulding, E. (1995). How children see their world and make their future. In E. Boulding & K. Boulding (Ed.), *The future: Image and processes.* London: SAGE.

Bretherton, D., Weston, J., & Zbar, V. (2003). Peace education in a post-conflict environment: The case of Sierra Leone. Prospects, 33(2), 219-230.

Brock-Utne, B. (1985). *Education for peace: A feminist perspective.* Willowdale, Ontario: Pergamon Press.

Brock-Utne, B. (1996). Peace education in post-colonial Africa. *Peabody Journal of Education, 71*(3), 170-190.

Burns, R., & Aspelagh, R. (1996). *Three decades of peace education around the world.* New York: Garland.

Burns, R. J., & Aspelagh, R. (1983). Concepts of peace education: A view of western experience. *International Review of Education, 29*(3), 311-330.

Cardenas, S. (2005). Constructing rights? Human rights education and the state. *International Political Science Review, 26*(4), 363-379.

Curti, M. (1985). Reflections on the genesis and growth of peace history. *Peace and Change, X,* 1-18.

Danesh, H. B. (2006). Towards an integrative theory of peace education. *Journal of Peace Education, 3*(1), 55-78.

Dauncey, G. (1999). *Earth future: Stories from a sustainable world.* Gabriola, BC: New Society.

Davies, L. (2005). Schools and war: Urgent agendas for comparative & international education. *Compare, 35*(4), 357-371.

DeBenedetti, C. (1984). Peace history in the American manner. *The History Teacher, 18*(1), 75-115.

Editors. (2002). Special issue on human rights education. *International Review of Education, 48*(3-4).

Editors. (2005). Special issue on human rights education and transformational learning, *Intercultural Education, 16*(2).

Editors. (2006). Special issue on International Perspectives on Human Rights Education. *Journal of Social Science Education.* Retrieved from http://www.jsse.org/2006-1/index.html

Fountain, S. (1999). *Peace education in UNICEF.* New York: United Nations Children's Fund.

Galtung, J. (1969). Violence, peace, and peace research. *Journal of Peace Research, 6*(3), 167-191.

Galtung, J. (1985). Twenty-five years of peace research: Ten challenges and some responses. *Journal of Peace Research, 22*(2), 141-158.

Galtung, J. (1990). Cultural violence. *Journal of Peace Research, 27*(3), 291-305.

Gerber, P. (2004). Black rights/white curriculum: Human rights education for indigenous peoples. *Deakin Law Review, 9*(1), 61-89.

Gur Ze'ev, I. (2001). Philosophy of peace education in a postmodern era. *Educational Theory, 51*(3), 315-336.

Haavelrsud, M. (1993). *Disarming: Discourse on violence and peace.* Norway: Arena.

Haavelsrud, M. (1996), *Education in developments.* Norway: Arena.

Hagglund, S. (1996). Developing concepts of peace and war: Aspects of gender and culture. *Peabody Journal of Education, 71*(3), 29-41.

Hantzopoulos, M. & Bajaj, M. (2021). Educating for Peace and Human Rights: An Introduction. London: Bloomsbury.

Harber, C. (1996). Educational violence and education for peace in Africa. Peabody Journal of Education, 71(3), 151-169.

Harris, I., & Morrison, M. (2003). *Peace education.* New York: McFarland.

Harris, I. (2004). Peace education theory. *Journal of Peace Education, 1*(1), 5-20.

Hicks, D. (2002). Developing a futures dimension in the school curriculum. *Development Education Journal, 9*(1).

Howlett, C. (1982). The pragmatist as pacifist: John Dewey's views on peace education. *Teachers College Record, 83*(3), 435-452.

Jones, T. (2006). Combining conflict resolution education and human rights education: Thoughts for school-based peace education. *Journal of Peace Education, 3*(2), 187-208.

Kant, I. (1795). Perpetual peace: A philosophical sketch. In H. Reiss (Ed.), *Kant's political writings* (pp.85-135). Cambridge: Cambridge Unviversity Press.

Killingsworth, R. S. (2005). Promoting a peaceful classroom through poetry. *Journal of Peace Education, 2*(1), 69-78.

Lauren, P. G. (2000). *The evolution of international human rights.* Philadelphia: University of Pennsylvania Press.

Lenhart, V., & Savolainen, K. (2002). Human rights education as a field of practice and theoretical reflection. *International Review of Education, 48*(3-4), 145-158.

McGynn, C., & Bekerman, Z. (2007). *Addressing ethnic conflict through peace education.* New York: Palgrave.

Montgomery, K. (2006). Racialized hegemony and nationalist mythologies: Representations of war and peace in high school history textbooks, 1945-2005. *Journal of Peace Education, 3*(1), 19-37.

Noddings, N. (2005). *Educating citizens for global awareness.* New York:

Teachers College Press.

Ohanyan, A., & Lewis, J. (2005). Politics of peace-building: Critical evaluation of interethnic contact peace education in Georgian-peace camp, 1998-2002. *Peace and Change*, *30*(1), 57-84.

Osler, A., & Vincent, K (2002). *Citizenship and the challenge of global education*. Trentham Books.

Osseiran, S., & Reardon, B. (1998). The United Nation's role in peace education. In C. Alger (Ed.), *The future of the United Nations system: Potential for the twenty-first century* (pp. 385-408). New York: United Nations University Press.

Page, J. (2004). Peace education: Exploring some philosophical foundations. *International Review of Education*, *50*(1), 3-15.

Prasad, S. N. (1998). Development of peace education in India (since independence). *Peace Education Mini Prints*, *95*, 1-14.

Reardon, B. (1988). *Comprehensive peace education*. New York: Teachers College Press.

Reardon, B. (1993). *Women and peace: feminist visions of global security*. New York: State University of New York Press.

Reardon, B. (2000). Peace education: Review and projection. In B. Moon, M. Ben-peretz, & S. Brown (Ed.), *International companion to education*. New York: Routledge.

Reardon, B. (2001). *Education for a culture of peace in a gender perspective*. Paris, France: UNESCO.

Rivage-Seul, M. (1987). Peace education: Imagination and the pedagogy of the oppressed. *Harvard Educational Review*, *57*(2), 153-170.

Salomon, G., & Nevo, B. (2002). *Peace education: the concept, principles, and practices around the world*. New Jersey and London: Erlbaum.

Sinclair, M. (2004). *Learning to live together*. Paris: UNESCO.

Sommers, M. (2004). *Peace education and refugee youth. Learning for a future: Refugee education tn developing countries*. Geneva: UNHCR.

Suarez, D., & Ramirez, F. (2004). *Human rights and citizenship: The emergence of human rights education*. Stanford, CA: Center on Democracy, Development and the Rule of Law.

Synott, J. (1996), Australian aboriginal constructions of humans, society, and nature in relation to peace education. *Peabody Journal of Education*, *71*(3), 84-94.

Synott, J. (2005). Peace education as an educational paradigm: review of a changing field using an old measure. *Journal of Peace Education*, *2*(1), 3-16.

Tandon, Y. (1989). *Militarism and peace education in Africa: A guide and manual for peace education and action in Africa*. Nairobi: African Association for Literacy and Adult Education.

Tarrow, N. (1992). Human rights education: Alternative conceptions. In J. Lynch, C. Modgil, & S. Modgil (Ed.), *Human rights, education and global responsibilities* (pp.21-50): Falmer Press.

Thelin, B. (1996). Early tendencies of peace education in Sweden. Peabody *Journal of Education*, *71*(3), 95-110.

Tibbitts, F. (2002). Understanding what we do: Emerging models for human rights education. *International Review of Education*, *48*(3-4), 159-171.

UNESCO. (2000). *World directory of peace research and training institutions*. Paris: UNESCO.

Vasquez, J. A. (1976). Toward a unified strategy for peace education: Resolving the two cultures problem in the classroom. *The Journal of Conflict Resolution*, *20*(4), 707-728.

Vongalis-Macrow, A. (2006). Rebuilding regimes or rebuilding community? Teachers' agency for social reconstruction in Iraq. *Journal of Peace Education*, *3*(1), 99-113.

Weber, T. (2001). Gandhian philosophy, conflict resolution theory and practical approaches to negotiation. *Journal of Peace Research*, *38*(4), 493-513.

White, C., & Openshaw, R (Ed.). (2005). *Democracy at the crossroads: International perspectives on global citizenship education*. US: Lexington.

Wiberg, H. (1981). JPR 1964-1980: What have we learnt about peace? *Journal of Peace Research*, *18*(2), 111-148.

Wintersteiner, W. (1999). *Pedagogy of the other: Building blocks for peace education in the postmodern world*. Munster, Ireland: Agenda.

Wintersteiner, W. (2003). The "old Europe" and the new tasks for peace education. *Journal of Peace Education*, *1*(1), 89-102.

Wittner, L. S. (1987). Peace movements and foreign policy: The challenge to diplomatic historians. *Diplomatic History,*, *XI*, 355-370.

Wulf, C. (1974). *Handbook of peace education*. Frankfurt, Germany: International Peace Research Association.

삶의 행복을 꿈꾸는 교육은 어디에서 오는가?

● **교육혁명을 앞당기는 배움책 이야기** 혁신교육의 철학과 잉걸진 미래를 만나다!

● 비고츠키 선집 발달과 협력의 교육학 어떻게 읽을 것인가?

 생각과 말
레프 세묘노비치 비고츠키 지음
배희철·김용호·D. 켈로그 옮김 | 690쪽 | 값 33,000원

 성장과 분화
L.S. 비고츠키 지음 | 비고츠키 연구회 옮김
308쪽 | 값 15,000원

 도구와 기호
비고츠키·루리야 지음 | 비고츠키 연구회 옮김
336쪽 | 값 16,000원

 연령과 위기
L.S. 비고츠키 지음 | 비고츠키 연구회 옮김
336쪽 | 값 17,000원

 어린이 자기행동숙달의 역사와 발달 I
L.S. 비고츠키 지음 | 비고츠키 연구회 옮김
564쪽 | 값 28,000원

 의식과 숙달
L.S. 비고츠키 | 비고츠키 연구회 옮김
348쪽 | 값 17,000원

 어린이 자기행동숙달의 역사와 발달 II
L.S. 비고츠키 지음 | 비고츠키 연구회 옮김
552쪽 | 값 28,000원

 분열과 사랑
L.S. 비고츠키 지음 | 비고츠키 연구회 옮김
260쪽 | 값 16,000원

 어린이의 상상과 창조
L.S. 비고츠키 지음 | 비고츠키 연구회 옮김
280쪽 | 값 15,000원

 성애와 갈등
L.S. 비고츠키 지음 | 비고츠키 연구회 옮김
268쪽 | 값 17,000원

 비고츠키와 인지 발달의 비밀
A.R. 루리야 지음 | 배희철 옮김 | 280쪽 | 값 15,000원

 흥미와 개념
L.S. 비고츠키 지음 | 비고츠키 연구회 옮김
408쪽 | 값 21,000원

 정서학설 I
L.S. 비고츠키 지음 | 비고츠키 연구회 옮김
584쪽 | 값 35,000원

 정서학설 II
L.S. 비고츠키 지음 | 비고츠키 연구회 옮김
480쪽 | 값 35,000원

 수업과 수업 사이
비고츠키 연구회 지음 | 196쪽 | 값 12,000원

 관계의 교육학, 비고츠키
진보교육연구소 비고츠키교육학실천연구모임 지음
300쪽 | 값 15,000원

 비고츠키의 발달교육이란 무엇인가?
비고츠키교육학실천연구모임 지음 | 412쪽 | 값 21,000원

 비고츠키 생각과 말 쉽게 읽기
진보교육연구소 비고츠키교육학실천연구모임 지음
316쪽 | 값 15,000원

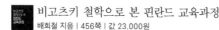 **비고츠키 철학으로 본 핀란드 교육과정**
배희철 지음 | 456쪽 | 값 23,000원

 교사와 부모를 위한 비고츠키 교육학
카르포프 지음 | 실천교사번역팀 옮김
308쪽 | 값 15,000원

 혁신학교
성열관·이순철 지음 | 224쪽 | 값 12,000원

 대한민국 교사, 어떻게 가르칠 것인가?
윤성관 지음 | 320쪽 | 값 15,000원

 행복한 혁신학교 만들기
초등교육과정연구모임 지음 | 264쪽 | 값 13,000원

 아이들을 어떻게 가르칠 것인가
사토 마나부 지음 | 박찬영 옮김 | 232쪽 | 값 13,000원

 서울형 혁신학교 이야기
이부영 지음 | 320쪽 | 값 15,000원

 모두를 위한 국제이해교육
한국국제이해교육학회 지음 | 364쪽 | 값 16,000원

혁신교육, 철학을 만나다
브렌트 데이비스·데니스 수마라 지음
현인철·서용선 옮김 | 304쪽 | 값 15,000원

 경쟁을 넘어 발달 교육으로
현광일 지음 | 288쪽 | 값 14,000원

 혁신교육 존 듀이에게 묻다
서용선 지음 | 292쪽 | 값 16,000원

 핀란드 교육의 기적
 한넬레 니에미 외 엮음 | 장수명 외 옮김
456쪽 | 값 23,000원

 다시 읽는 조선 교육사
이만규 지음 | 750쪽 | 값 33,000원

 한국 교육의 현실과 전망
심성보 지음 | 724쪽 | 값 35,000원

대한민국 교육혁명
교육혁명공동행동 연구위원회 지음
224쪽 | 값 12,000원

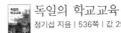 독일의 학교교육
정기섭 지음 | 536쪽 | 값 29,000원

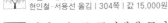 ● **경쟁과 차별을 넘어 평등과 협력으로 미래를 열어가는 교육 대전환!** 혁신교육 현장 필독서

 교실 속으로 간 이해중심 교육과정
온정덕 외 지음 | 224쪽 | 값 13,000원

 교실 속으로 간 이해중심 통합교육과정
온정덕 외 지음 | 224쪽 | 값 15,000원

 포스트 코로나 시대의 교육
성열관 외 지음 | 224쪽 | 값 15,000원

 초등 백워드 교육과정
설계와 실천 이야기
김병일 외 지음 | 352쪽 | 값 19,000원

 내일 수업 어떻게 하지?
아이함께 지음 | 300쪽 | 값 15,000원

 학습격차 해소를 위한 새로운 도전
보편적 학습설계 수업
조윤정 외 지음 | 240쪽 | 값 15,000원

 학교의 미래,
전문적 학습공동체로 열다
새로운학교네트워크·오윤주 외 지음 | 276쪽 | 값 16,000원

 마을교육공동체란 무엇인가?
서용선 외 지음 | 360쪽 | 값 17,000원

 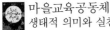 마을교육공동체
생태적 의미와 실천
김용련 지음 | 256쪽 | 값 15,000원

 강화도의 기억을 걷다
최보길 지음 | 276쪽 | 값 14,000원

 학교폭력, 멈춰!
문재현 외 지음 | 348쪽 | 값 15,000원

 체육 교사, 수업을 말하다
전용진 지음 | 304쪽 | 값 15,000원

 학교를 살리는 회복적 생활교육
김민자·이순영·정선영 지음 | 256쪽 | 값 15,000원

 평화의 교육과정 섬김의 리더십
이준원·이형빈 지음 | 292쪽 | 값 16,000원

 삶의 시간을 잇는 문화예술교육
고영직 지음 | 292쪽 | 값 16,000원

 마을교육과정을 그리다
백윤애 외 지음 | 336쪽 | 값 16,000원

 미래교육을 디자인하는
학교교육과정
박승열 외 지음 | 348쪽 | 값 18,000원

 혁신교육지구와 마을교육공동체는
어떻게 만들어지는가?
김태정 지음 | 376쪽 | 값 18,000원

아이들을 어떻게 가르칠 것인가
사토 마나부 지음 | 박찬영 옮김 | 232쪽 | 값 13,000원

 **코로나 시대,
마을교육공동체운동과 생태적 교육학**
심성보 지음 | 280쪽 | 값 17,000원

 혐오, 교실에 들어오다
이혜정 외 지음 | 232쪽 | 값 15,000원

 수업, 슬로리딩과 함께
박경숙 외 지음 | 268쪽 | 값 15,000원

 물질과의 새로운 만남
베로니카 파치니-케처바우 외 지음 | 240쪽 | 값 15,000원

 그림책으로 만나는 인권교육
강진미 외 지음 | 272쪽 | 값 18,000원

 **수업 고수들
수업·교육과정·평가를 말하다**
박현숙 외 지음 | 368쪽 | 값 17,000원

 아이들의 배움은 어떻게 깊어지는가
이시이 준지 지음 | 방지현·이창희 옮김
200쪽 | 값 11,000원

 미래, 공생교육
김환희 지음 | 244쪽 | 값 15,000원

 들뢰즈와 가타리를 통해 유아교육 읽기
리세롯 마리엣 올슨 지음 | 이연선 외 옮김
328쪽 | 값 17,000원

 혁신고등학교, 무엇이 다른가?
김현자 외 지음 | 344쪽 | 값 18,000원

 시민이 만드는 교육 대전환
심성보·김태정 지음 | 248쪽 | 값 15,000원

 서울대 10개 만들기
김종영 지음 | 348쪽 | 값 18,000원

 선생님, 통일이 뭐예요?
정경호 지음 | 252쪽 | 값 13,000원

 함께 배움
학생 주도 배움 중심 수업 이렇게 한다
니시카와 준 지음 | 백경석 옮김 | 280쪽 | 값 15,000원

 다정한 교실에서 20,000시간
강정희 지음 | 296쪽 | 값 16,000원

 즐거운 세계사 수업
김은석 지음 | 328쪽 | 값 13,000원

 밥상혁명
강양구·강이현 지음 | 298쪽 | 값 13,800원

 학교를 개선하는 교장
지속가능한 학교 혁신을 위한 실천 전략
마이클 풀란 지음 | 서동연·정효준 옮김 | 216쪽 | 값 13,000원

 선생님, 민주시민교육이 뭐예요?
염경미 지음 | 244쪽 | 값 15,000원

 **교육혁신의 시대
배움의 공간을 상상하다**
함영기 외 지음 | 264쪽 | 값 17,000원

 도덕 수업, 책으로 묻고 윤리로 답하다
울산도덕교사모임 지음 | 320쪽 | 값 15,000원

 교육과 민주주의
필라르 오카디즈 외 지음 | 유성상 옮김
420쪽 | 값 25,000원

참된 삶과 교육에 관한
생각 줍기